U0116277

刻意意冷静

麦肯锡决策和
领导方法

Jacqueline Brassey
Aaron De Smet
Michiel Kruyt

Deliberate Calm

How to Learn and Lead in a Volatile World

[荷] 杰奎琳·布拉西　[美] 亚伦·德斯梅特　[荷] 迈克尔·克鲁伊特——著　　褚荣伟　闵彦冰——译

中信出版集团 | 北京

图书在版编目（CIP）数据

刻意冷静 /（荷）杰奎琳·布拉西,（美）亚伦·德斯梅特,（荷）迈克尔·克鲁伊特著；褚荣伟,闵彦冰译. -- 北京：中信出版社, 2023.7

书名原文：Deliberate Calm：How to Learn and Lead in a Volatile World

ISBN 978-7-5217-5644-9

Ⅰ.①刻… Ⅱ.①杰… ②亚… ③迈… ④褚… ⑤闵… Ⅲ.①管理学 Ⅳ.① C93

中国国家版本馆 CIP 数据核字（2023）第 078670 号

刻意冷静

著者： [荷] 杰奎琳·布拉西　 [美] 亚伦·德斯梅特　 [荷] 迈克尔·克鲁伊特

译者： 褚荣伟　 闵彦冰

出版发行：中信出版集团股份有限公司

　　　　（北京市朝阳区东三环北路 27 号嘉铭中心　邮编　100020）

承印者： 宝蕾元仁浩（天津）印刷有限公司

开本：880mm×1230mm　1/32　　印张：11.25　　　字数：212 千字

版次：2023 年 7 月第 1 版　　　印次：2023 年 7 月第 1 次印刷

京权图字：01–2023–2431　　　　书号：ISBN 978–7–5217–5644–9

　　　　　　　　　　　　　　　定价：88.00 元

献给我亲爱的丈夫尼古拉斯；献给我们的宝贝双胞胎约瑟芬和塞缪尔；献给所有在我的"刻意冷静"之路上激励和支持我的人；献给所有愿意尝试的人。

——杰奎琳

献给我的妻子奈娜和我的三个孩子，凯利、布拉兹和佐拉瓦尔，我每天都在和他们一起学习和成长。

——亚伦

献给我的父母，扬和埃伦，他们的好奇心和求知欲是我的榜样，激发了我对学习和成长的终身热爱。

——迈克尔

目录

领导者在学习时比在教导时拥有的榜样力量更强大。

——罗莎贝斯·莫斯·坎特

2009 年，切斯利·萨伦伯格机长展示了危机中"刻意冷静"的价值。那时他驾驶的商业航班在起飞后不久就遭遇鸟群，导致两个引擎双双失灵，在这种前所未见的风险下，他眼前的一切都是未知的。但他没有惊慌失措，也许更重要的是，他没有依赖标准的操作手册或流程为自己营造虚假的安全感。相反，他清醒地认识到自己的处境，控制自己的本能反应，做出了艰难但必要的决定：他拒绝了空中交通管制部门关于返回机场的建议，选择将飞机降落在哈得孙河上。

他以实际行动说明了什么是"刻意冷静"。

对于领导者，表面上看这可能是一个不相关的场景。我们中的大多数人不会驾驶飞机，也不会面临数百条生命掌握在自己手里的情况。但是，我们正越来越多地面对一种艰巨的任务，即在混乱和不确定中，在眼前还不是真正的危机时，用理性和刻意的思考过程来掌控我们的情绪。当我们能够做到这一点时，我们就能及早捕捉到内心痛苦、怀疑或恐惧的信号，而不至于在压力下做出往往使情况变得更糟的反应。对于需要面对商业上各种挑战的领导者来说，这可能是面对挑战能相应调整与无法适应、错过创新机会或陷入更糟局面的区别。对萨伦伯格机长来说，这就是生与死的区别。

《刻意冷静》不是又一本讲述"更新"或"更好"的领导力的书。声称一种领导风格比另一种更有效是有问题的，因为不同的风格适合不同的情境。但大多数领导者在选择领导风格时主要基于个人偏好、最新的流行趋势，或者糟糕且无意识地基于自身固有的行为模式和习惯。相反，我们需要的是能帮助我们深度思考眼前情况的能力和工具，并选择最适合应对特定挑战或把握关键机会的行为。这种能力正变得越来越重要，特别是当我们需要学习和适应时。随着世界变得更加动荡和不确定，适应力已经成为领导者最关键的能力。[1, 2]

然而，学会适应很困难，而且恰恰是在最重要的时刻最困难。适应力、学习力、创新力和创造力在高风险、不确定的情况下最具挑战性，而这恰恰是最需要这些能力的情况。[3] 在这些情况下，人类的大脑是以与学习和创造完全相反的方式做出反应的，而这有可能让我们在最关键的时刻表现得很糟糕。

"刻意冷静"就是你要找的答案。它不是一种领导风格或行为。相反，它是一种个人的自我修炼，让领导者有觉察力，有避免无效的下意识反应的能力，进而能根据眼前的情况选择最有效的思维模式和行为方式。

本书基于真实案例，提供的洞察结合了神经科学、领导力发展和团队效率的跨学科研究。"刻意冷静"的核心是适用于领导者的4种技能的独特组合：适应力、学习敏锐度、自我觉察和情绪调节。这些技能中的每一项对领导者的成功和表现都至关重要，将它们结合起来帮助我们在关键时刻以不同的方式学习和领导，本书是首创。

最近一项实证研究的元分析发现，适应力和学习敏锐度是预测领导者个人表现和潜力的首要因素。排在第二位的是智商或智力水平，之后是工作经验。[4]另一项对43项实证研究的元分析发现，具有较高意识水平和情绪调节能力的领导者能够推动其团队取得更好的工作业绩，这一点超越了领导者的个性和个人风格等其他因素。[5]

据我们所知，目前还没有关于领导者在同时接受适应力、学习敏锐度、自我意识和情绪调节培训后行为改变的相关研究。除了本书，市面上没有类似的项目。尽管如此，我们与世界各地的领导者和组织合作的结果也是非常有说服力的。我们在一家全球制药公司的1 450名领导者中实施了这个项目，并将实验结果与对照组进行比较，参与实验的领导者在某些方面的表现是对照组的 3 倍，包括他们的履职表现、对计划外情况和变化的适应性、乐观度，以及新知识和技能的成长性。此外，他们的幸福感是对照组的 7 倍。最令人兴奋的是基于自我报告的数据和同事的评估，在 3 个月里，参与者每周仅参与该项目 30 分钟就取得了这些成果。

练习"刻意冷静"比以往任何时候都更迫切。我们的世界正在极速变化，这迫使我们要去应对前所未有的动荡和不确定性，无论是个人还是组织。当旧有的方法和成功模式不适合我们所面临的新挑战时，我们被频繁地要求做出高风险的决定。很多时候，我们不知道什么会成功，也不知道是否能找到答案，就像萨伦伯格机长不知道他在哈得孙河着陆是否能挽救数百条生命一样。

这种陌生的情境就是我们所说的"适应区"。为了在适应区取得成功，我们必须调整适应，打破既定的模式和习惯，打开思路，学习新事物，甚至找到新的学习和合作方式。在适应区，有创造、成长、创新和转型的巨大机会，但如果不能学习和适应，我们就有失败和停滞的风险。这一切都取决于我们是否能驾驭适应区，以及我们是否能避免那些会使我们陷入困境的本能倾向。

如果情形超越了已知的、安全的和可预测的范围，我们被迫进入适应区，这往往会唤起恐惧感。我们很可能会不自觉地感受到威胁，并紧紧抓住我们的旧观念、成功模式、观点、信仰和习惯，以上这些在这种新情况下可能都不起作用。在这种退缩的状态下，我们倾向于把问题归咎于其他人或环境，并期望他们有所改变，而不是着眼于我们如何才能打开心智并适应新的情况、挑战或机会。事实上，我们的大脑和身体这样反应并没有错，它们会把不熟悉或未知的情况解释为潜在的威胁，特别是当我们认为风险很大的时候。面对不确定性和压力，寻求安全和熟悉的既定模式和成功模式是很自然的。然而，我们这样反应并不意味着它是有效的。当在适应区面临挑战时，我们退缩的本能冲动会导致严重的意外后果，尤其是在环境要求我们适应时。具有讽刺意味的是，要求我们适应和学习的环境恰恰使我们更难做到适应和学习。

值得庆幸的是，以不同的方式经历适应区是可能的——放开思维的缰绳、拥抱不确定性、向新的想法和方法开放我们的头脑、学习新的东西，甚至最终找到新的学习方法。这不仅有助于我们在不同的情形中实现目标，而且对我们的健康和整体的成长性更有利。认识到你所面临的挑战何时处于适应区，并将其作为学习和成长的机会，而不是用过时和无效的模式做出回应，是"刻意冷静"的核心。"刻意"是说这些练习将使你意识到你可以选择在各种情形下做出不同的反应；"冷静"是说它将使你在压力和动荡中保持专注和聚焦当下，而不被你的本能反应淹没。

本书为那些希望提升自身能力、以开放的心智模式面对挑战、增强个人适应力、对日益动荡的世界产生积极影响，并希望以可持续的方式进行领导的人而写。练习"刻意冷静"可以帮助任何人以勇气、创造性、意义感、真实性和适应性驾驭挑战，而且恰恰是在最难的时候做到这些。我们数十年来为高管提供支持，帮助他们应对日常压力，处理庞杂的情况以及全面的危机，我们开发了一种独特的方法来观察我们的外部和内部世界，使我们不受周围混乱的干扰，保持观念的开放和学习力。我们发现，这对我们的内在成长和我们在动荡和复杂环境中的领导能力都产生了非凡的倍增效应。

虽然这项工作对任何人都有意义，但我们把重点放在领导者身上，因为"刻意冷静"在促成有效领导方面发挥着关键作用，而且领导者对其所领导的人和环境有巨大的影响。当领导者陷入困境时，他们的团队、组织和家庭往往也会陷入困境。当我们帮助这些领导者发现那些阻碍他们充分发挥潜力的无效行为模式和信念时，我们的工作就会产生指数级的影响。

我们也相信，任何人都可以成为领导者。伟大的领导者不需要代表权力的职位，许多有影响力的领导者根本没有正式的或职位上的权威。他们往往通过行动的勇气、创造力和仁慈的心，让自己拥有让周围的人团结起来奋起直追的号召力。

虽然每个人都有独特的背景、经验和专业知识，但我们都能热情地使用"刻意冷静"来促进个人成长和广泛的社会变革。

杰奎琳在生命中的大部分时间里都受到轻度焦虑的影响，这在职业生涯中期表现为她的自我怀疑，并开始影响她的生活质量，限制她发挥潜力。在某个关键节点上，她开始研究自信和焦虑，以及相关的神经科学。这使她在职业生涯后期取得了情绪神经科学医学硕士学位，并出版了她的著作《真实的自信》。[6]

一路走来，杰奎琳开发了一个以实证研究为基础的工具包，她在自己应对焦虑的过程中使用了这个工具包，并把它带到了麦肯锡公司和其他组织。[7]这项工作为"刻意冷静"提供了神经科学的基础。"刻意冷静"的所有工具和实践都基于最新的和不断发展的研究。杰奎琳后来取得了领导力和组织行为学博士学位，这使她的工作与学术研究结合得更紧密了。她目前是麦肯锡公司的首席科学家，人员和组织绩效部门的科研中心主任，麦肯锡健康促进研究院的全球负责人，同时也是一名兼职学者，致力于人类可持续发展和表现的研究。在此之前，她主导了麦肯锡排名前600的最资深领导者的学习和发展，并在公司的全球领导力学习团队任职。虽然她仍然在焦虑和自我怀疑中挣扎，但本书中的工具对她的幸福、事业、个人成就、复原力、学习、自我认可和觉察等方面，都带来了真正的转变。

亚伦是一位组织心理学家，从事组织发展实践者的培训，他在20世纪90年代加入了"刻意冷静"的研究。他毕业于哥伦比亚大学，博士论文是关于自我意识对领导效率和团队表现的影响的。尽管他研究双重意识和"刻意冷静"已经有几十年了，也在自己的职业生涯中实践了很多年，但当他的家庭面临毒瘾的灾难时，他对个人生活中即将到来的适应性挑战完全没有准备。

亚伦的家庭越是失控，他就越是紧紧抓住看似能解决问题的老办法，包括全身心投入工作，插手家里发生的方方面面的细碎小事，并小心翼翼地执行，就像设法让吸毒者戒掉毒瘾。他成了一个工作狂，患有焦虑和抑郁症，并出现了饮食紊乱等情况。情况越糟糕，他就越想"有掌控力"，越是使用粗暴手段，就越没有效果。他越想掌控情况，他的家庭在混乱和无序上就陷得越深。虽然工作一直很重要，但他的家庭才是最重要的。当这一原则受到威胁时，他不得不找出一种新的学习和适应方式。现在，他用他所学到的东西帮助客户转型，有效地领导自己的团队，并与妻子和 3 个孩子一起过着平静安宁的生活。

迈克尔是一家企业的高管之一，这家企业当时处于市场动荡期。在经历了甲状腺功能失调后，他开始学习"刻意冷静"。他没有用药物治疗，而是选择研究这种状况背后的心理原因。他发现了几个盲点，并意识到他正在用旧有的领导力模式，然而，这种模式无法让他带领公司挽救被颠覆的局面。

这对迈克尔来说是一次改变人生的经历。因为在发现和克服这些障碍的过程中，他找到了新的目标，帮助高管团队培养能力，发现他们的盲点，度过颠覆性的行业变革。这使他成为麦肯锡公司的合伙人和组织实践领导者之一，也是麦肯锡 Aberkyn 领导力学院的联合创始人和管理合伙人，该团队是绩效转型、文化变革和高管团队及领导力发展的先锋。目前，迈克尔是社会企业Imagine 的首席执行官，帮助其他公司转型为净积极影响企业。

结合了心理学、神经科学、意识实践等多个领域的专业知识，加之为许多世界顶尖领袖和组织提供服务的实际经验，我们创作出这部作品。它可以帮助每个人意识到他们何时处于适应区，并在这些时刻催化他们的成长和发展。你在书中读到的所有案例和研究都是真实案例，当中只有名字和身份细节做了修改。这些事例常常提到导师、顾问或专家，但你并不需要所谓的专家来帮助你运用这些知识，也不需要他们来帮助你实现真正的成长和改变。我们希望本书能成为你的教练，带你走向"刻意冷静"的旅程。

在本书的第一部分，你将读到"刻意冷静的原理"：为什么这种做法如此重要，以及它如何帮助你提升领导力和管理效率。我们讨论了如何掌握自己身处不同区域的信息，我们在不同区域可以如何行事。我们还讨论了大脑和身体之间错综复杂的联系，这些联系解释了我们在压力下的反应及其原因。同时，这一部分也提供了可以用来调节我们的反应并在压力下保持清醒和冷静的工具。

在第二部分中，你将学会"刻意冷静的方法"：找到形成我们习惯性行为的无形驱动力，以及你如何发现和调整它们。如何利用强大的意义感，将压力重构为更重大的人生旅程的一部分；我们在练习"刻意冷静"时可能会经历的 5 个不同的内在和外部的意识层次；充分和全面的复原力的重要性，以保持我们的能量充沛，以便我们在需要时能够更容易地穿过适应区。

在第三部分中，你将会了解"刻意冷静的实践"：如何将"刻意冷静"从你的自我实践变成一种深入生活的互动方式，它可以从根本上改变你在个人和职业生活的各个层面上与他人的互动。这包括改变人际关系和沟通的方法，提高团体的信任感和创建创新、协作的"刻意冷静"团队的意识。

最后，你将有机会展开练习，你可以通过"刻意冷静四周挑战计划"，创建一种自我管理模式，通过日常练习帮助你提高对外部环境和内在状态的认知，你可以将挑战理解为一次自我成长的机会，以全新且更有效的心智模式，轻松驾驭适应区。在四周挑战计划结束时，你应该会对自己、对你的领导、对你周围的人有一个全新的看法。但"刻意冷静"是旅程，不是终点。我们自己教授、测试和实践这些做法，因为我们都是"刻意冷静"热忱的践行者和人生的学徒。但是即便如此，我们也发现自己经常回到旧的行为模式中，或者被我们的情绪冲昏头脑。自我接纳和自我饶恕是这个旅程重要的组成部分，也是提高觉察力和责任感之后带来的强大产物。

我们希望你能通过阅读本书提高学习能力，并在动荡和困难的情况下带头"刻意冷静"——这是我们在日益复杂的世界中急需的技能。改造我们自己、我们的组织和我们的世界的需求从未如此迫切，"刻意冷静"为此提供了指导。我们非常感激能够把这些实践方法带给你们，也对它将帮助你们达成的事情充满希望。

THE
DELIBERATE
CALM
PROMISE

PART I
第一部分 ■

刻意冷静的
原理

为什么"刻意冷静"如此重要

> 悲观主义者绝对不会发现星球的秘密，不能航行到未知的大陆，也不能为人类的灵魂发现新的天堂。
>
> ——海伦·凯勒

杰夫是北加州一家照明公司的销售主管。他与老板贾尼丝关系很好，但是贾尼丝给他施加了很大的压力，要求他使命必达。杰夫是一个努力进取、有魅力的人，而且他渴望成功。他入职已经很长时间了，他知道贾尼丝把他当"二把手"一样倚重。他很认真地对待这份托付。公司内的同事关系对杰夫很重要，但不管怎样，无论行业中或公司内发生什么，杰夫都知道他的工作就是销售。使命必达。

因此，当行业变化对公司业务产生冲击时，杰夫变得相当紧张。公司依赖从中国进口的产品，而海外制造业的停工和运输等种种问题使他们的生产安排陷入混乱。不仅如此，竞争对手已经开始提供技术更先进的照明系统，并迅速主导了市场。一切似乎都在快速变化着，而他们根本无法跟上。

当贾尼丝把杰夫叫到办公室时，公司确实遇到了麻烦。她告诉杰夫："这个季度我们的销售目标又没实现。"当然，这对他来说也不是第一次了。在这次会议之前，他整晚都在担心产品的销量，担心贾尼丝会说什么。"我们怎样做才能达成销售目标？"

杰夫呼吸急促，他用汗湿的手掌摩挲着裤子，内心呼喊着："我不知道！"他急切地想离开房间，彻底避免这次谈话，花时间专注于解决问题，而不是说明他不知道答案的事情。在内心深处，他很清楚这不是一两句话就能说清楚的。但杰夫觉得贾尼丝就指望他了，他不能让她失望。"没问题的，"他的声音中充满了决心，他告诉她，"我现在正在召集团队，让他们知道必须完成任务。别担心，我会解决的。"

这对杰夫来说是一个关键时刻。贾尼丝问了个好问题："我们怎样做才能达成销售目标？"杰夫本可以用很多方式来回答这个问题：提供新的解决方案；与老板进行头脑风暴；说他会与他的团队进行头脑风暴，稍后再给贾尼丝答复；或者诚实地回答"我不知道"。杰夫没有做以上的任何动作。相反，他退回到至今都让他感觉最合适的行为模式——直面压力，扛起责任，并保证解决问题。

冰山一角

当然，不仅仅是杰夫一个人，每个人都有自己习以为常的行为模式，这些模式会在日常生活中发挥作用。我们发现，用冰山做简单类比来解释大脑和身体之间复杂而动态的相互作用很形象。稍微花点儿时间，在头脑中想象一座冰山（如图 1-1 所示）。当它冲出水面时，只有大约 10% 的部分是可见的，而其他 90% 则位于水面之下——不可见、神秘且未知。我们自己的行为模式也非常类似。外部观察者（有时甚至是我们自己）只能看到我们的"行为"本身，但在水面之下，构成我们冰山大部分的是我们的思想、情感、信念、心智模式和核心身份，而这些都是由我们的价值观、需求（满足的和未满足的）、希望、梦想、恐惧和生活目标组成的。

虽然一些想法和感受对我们来说是显而易见的，但我们人格中更深层次的元素只有一部分会出现在我们的意识中，甚至有些元素对我们来说是完全模糊的。然而，无论我们是否意识到，这些更深层次的、基本无意识的元素都在不断地驱动着我们日常可见的行为。隐藏在水下的冰山是我们持续的行为和行为模式、我们的决策以及我们一生中如何在人世间穿行的根源。

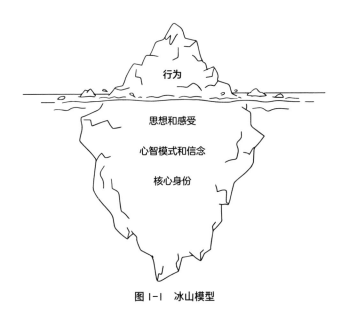

图 1-1　冰山模型

如果想要更好地驾驭生活，以更大的可能性取得期望的结果，改变无益或无效的行为模式，实现我们的目标和愿望，我们就必须意识到水面之下的东西，设法解决或不断改善我们隐藏的冰山。为了做到这些，我们只有潜到水面之下，并对这些隐藏的层级和它们的来源做清晰且实事求是的调查。

我们意识中现有的冰山模式与我们的目标和愿望可能并不是最匹配的，但这些模式不至于是完全"错误的"或"有问题的"。事实上，它们有一个重要的功能。在复杂的世界中，它们能帮助我们高效地生活。隐藏的冰山包含的习惯能让我们在日常生活中简化决策，走一些捷径，这样我们就不用在做决策之前分析每一种情况。这为我们节省了时间，释放了精力，来处理其他不太寻常的任务。当面对熟悉的环境和我们已经能掌控的挑战时，这种模式往往对我们非常有利。这也正是它们会成为习惯的重要原因。例如，杰夫以他的成功模式为自己和公司完成了很不错的业绩，掌控问题，推动团队，使命必达。

问题是，杰夫没有经历或处理过他眼前的挑战，依赖他习以为常的做法会使他无法以开放的心智模式思考潜在的新方案来应对这个新挑战。事实上，那些帮助我们高效处理事情的习惯也会阻碍我们，因为它们使我们无法在任何特定时刻有意识地选择最有效的行为。杰夫会习惯性地说："别担心，我知道了，我会解决的。"但在当下这样做可能并不会有什么帮助，还可能适得其反。杰夫不知道行业发生剧变的时候如何提升公司业绩，然而现在，他又因为做出了自己无法兑现的承诺而可能让事情变得更糟。到目前为止，对杰夫来说非常有效的成功模式已经不起作用了，但这时正是他需要表现出最佳状态的关键时刻。

这不是杰夫道德上的失责。他已经建立起来的惯性行为模式对他眼前的复杂情况根本不起作用。然而，除了压力，杰夫在很大程度上没有意识到隐藏在他冰山深处的情感、心智模式、信念、恐惧和需求，这些都在驱动和强化他的行为习惯。如果杰夫意识到他的反应源于那座隐藏的冰山，他可能会重新来过，选择不同的应对方式。因为像我们大多数人一样，他没有意识到自己隐藏的冰山，也没有意识到水面之下有什么在驱动他的行为，所以他只能一如既往地使用旧有的方式做出反应，继续错误地期盼着过去生效的方法现在继续生效。然而，这种具有挑战性的事件所造成的压力使他更难改变。正如诗人约翰·德莱顿所说："我们先养成习惯，然后习惯左右我们。"

我们天生就是这样的。当面临压力、机遇、不确定性或复杂性时，我们往往会感受到威胁，并采取行动保护自己和我们隐藏在冰山底部的核心身份。在此过程中，我们很容易失去帮助我们创造性地思考、富有成效地协作和发现新的做事方法的那部分大脑功能。我们的思想被屏蔽，视野变得狭隘，并将自身的问题归咎于他人或环境。我们中的一些人就这样退缩了。在这种恐惧、感受到威胁的状态下，我们自然而然就会倾向于寻求那些既定习惯带来的舒适感和熟悉感，我们变得无法开放心态来接受新的想法。我们被紧紧地绑定在过去对我们有用，但在当下关键时刻却让我们失望的行为模式中。当我们的境况需要我们快速适应以提出新的解决方案时，跟过去习惯的绑定可能会导致我们意想不到的严重后果。

我们把这称为"适应性悖论"，对我们这些渴望获得高水平表现的人来说，这是一种终极讽刺：在我们最需要摆脱惯性模式，创造性地处理不熟悉的、复杂的或不确定的情况，并选择全新的和创造性的应对措施时，正是这种不熟悉性、复杂性和不确定性使我们无法做到这一点。

当面临压力时，杰夫默认的行为模式是承诺解决事情并更加努力地工作。但是，是什么驱动了这种行为模式？在他的冰山底部，杰夫认为，为了成功，为了得到老板的赏识，他必须拿出成果。这种信念导致他在面对自己没有解决方案的新问题时，感到恐惧和失控。他内心的声音在说：我不能失败，我不能让她失望，我必须有一个答案。无论他是否意识到，在他的脑海中，他的工作、他的声誉、他与老板和团队的关系，以及最后他作为一个值得信赖的执行者和家庭顶梁柱的身份都受到了威胁。在这种受到威胁并感到恐惧的状态下，告诉他的老板他会解决这个问题，会让他感觉很安全、很熟悉。这是他试图通过断言他迫切想要相信的结果，而不是坦诚接受现实所产生的一种控制感。

这种行为会将杰夫引向何处？在与贾尼丝会面后，他把他的团队召集到会议室里。"我需要你们以身作则，做得更好，"他用非常严肃的语气告诉他们，"过去几个季度的目标我们都没有完成，我们必须在事情失控之前将其扼杀在萌芽状态。贾尼丝指望着我们，我需要你们拿出成果。"他为每个区域销售代表下一季度的工作设定了激进的目标，并在没有进一步讨论的情况下结束了会议。

接下来的一年对杰夫和他的团队来说很艰难。他一直盯着销售团队，不断询问团队最新的销售进展，而团队成员越来越沮丧。有几个人来找杰夫，试图讨论市场中的变化以及这些变化对销售的影响，但他不想听这些。"你们要负责任，"他告诉他们，"不要跟我说问题，给我解决方案。"

感受到这种不惜一切代价完成任务的巨大压力，一些团队成员开始冒险。他们提供极端的折扣和回扣，压低利润率，只是为了努力实现销售目标。但他们彼此并不公开各自使用的策略，这导致团队内部不仅不合作，还谣言四起，相互中伤。但是这仍然不见效。在一次又一次的会议上，杰夫越发固执己见，并猛烈抨击团队为什么没有完成任务，每个人都不敢大声说话，不敢公开讨论到底发生了什么。

杰夫听起来可能是个坏人，最坏的情况下是一个"有毒"的领导者，最好的情况下是一个"无效"的领导者，但他是基于过去对他有用的方法，出于良好的意图而采取行动的。而且他也在付出与他对团队的要求相同的努力。事实上，杰夫有可能工作得太辛苦了。他完全被工作吸引，放弃了日常晚间的慢跑和早睡，并在深夜和周末把自己关在家里的书房研究数字。当他的家人试图让他参与家庭活动时，他会很生气，告诉家人他必须工作。但是，杰夫和团队的努力工作并没有带来任何结果，因为这种努力来自恐惧和压力，而不是创造力、开放的心智模式和互动。随着时间的推移，团队成员之间的信任度越来越低，恐惧感和不安感越来越重，这使得他们越来越难以敞开心扉承认：我们需要全新的、与以往不同的解决方案。

与此同时，贾尼丝一直在跟进杰夫的情况。虽然杰夫很想承认他并没有真正的解决方案，但他一直向她承诺会解决这个问题。他内心的信念是，他必须自己解决这一切，而且他害怕失败。他不断地告诉贾尼丝他认为她想听到的话——他已经在处理这件事了，并且会找到一种方法来扭转局面。到现在，连他自己都知道这不是真的。杰夫的团队成员有的已经开始请病假，工作人数锐减，一种恐惧的文化已经潜入团队，他们曾经的友情早已不复存在。与贾尼丝在办公室第一次开会的一年后，公司陷入了真正的危机。

像杰夫一样，许多领导者认为，激励员工最好的方法是创造一个"燃烧的平台"，这是一种把他们从自满中吓出来的方法。这可以有效地激励人们去做他们熟悉的事情。但是，如果是杰夫这样的情况，旧方法就不适用了，如果不改变团队的行为模式，"燃烧的平台"就会"引火上身"，因为灌输恐惧只会消耗他们的能量，使他们继续以旧的行为模式做出反应，而不是学习新的方式。

显然，杰夫一路走来犯了很多错误，但每个错误都源于他那座隐藏在水下的冰山，他一直停留在惯性模式中，而不是调整他的成功模式以适应当前情况的复杂性。也许他最大的错误是没有意识到他目前的困境需要一种新的应对方式。这样的情形太常见了，无论是在工作中，还是在日常生活中。我们下意识地用过去经历和学到的行为来应对环境中的不确定性和变化，错过了一个又一个在挑战面前继续学习和成长的机会。

而这可能会带来巨大的痛苦，破坏关系，令人受挫，更不用说个人、团队、组织和国家因为没有成长而跟不上不断变化的世界所要付出的代价了。对正在做出高风险决策的高管来说，他们的情绪和行为会引发团队和组织的连锁反应，并付出高昂的代价。

但是，如果我们有能力在这些关键时刻打开心智，而不是墨守成规呢？如果我们能以新形势所需的好奇心、创造力和协作精神来反应呢？这正是我们可以从"刻意冷静"中获得的方法。"刻意"是说它建立了我们对所处外部环境和内在环境（我们的思想、情感、心智和信念）的意识，认识到它们是如何相互影响的，使我们能够以更加中立、客观的意识行事；"冷静"是说有了这种意识，我们可以在压力状态下暂停一下，有意识地选择如何做出最佳反应和参与的方式，而不会被情绪冲昏头脑，又恢复为惯性的行为模式。

想一想冰山，以及它在冻结时是多么坚硬和刻板。这是对我们自己行为的完美比喻，当因压力和恐惧而做出反应时，我们就像冰冻的水一样，我们实际上无法"弯曲"以迎接当前的挑战。我们丧失了学习的能力，不能接纳新的想法，不能创造性地思考，也不能采取新的做事方式。相反，我们倒退到指责他人或环境的境地，我们选择逃避，或退出挑战。我们被卡住了，被冻结在那座冰山上，就像在当前环境中失去了成长可能性的动物化石。可悲的是，杰夫就是那块化石，因为他内心被冰山冻住了，他就只能僵硬地依据过去的经验行事。

然而，当意识到隐藏着我们习惯模式的冰山时，我们可以融化它，让我们的冰山变得像水一样具有流动性和可塑性，它可以改变形状，随时转变为全新且不同的东西。在这种流动状态下，我们可以更客观地解读我们的外部环境和它对我们的要求，意识到自己内心相应的感受，想象不同的反应和创新的解决方案，学习新的东西，创造性地进行合作，并根据需要相应转变我们的行为。这并不意味着我们不会面临挑战，不会感受到压力，或者不会经历激烈甚至负面的情绪。我们不能总是改变我们的外部环境，但"刻意冷静"让我们在回应环境时有了新的选择。

双重意识

假如我们能回到当初，在某个关键时刻改变方向，我们的生活会有什么不同？我们不都希望自己能有这样的"滑动门时刻"吗？对杰夫来说，幸运的是，我们可以在这里提供这种关键的转向。让我们来看看，如果在练习"刻意冷静"的时候处理他所面临的问题，对杰夫、他的公司和他的团队来说，结果会有什么不同。杰夫 2 号（我们姑且这样叫他）和杰夫的情况在开始时完全一样。由于行业快速变化，公司正在遭受损失，杰夫 2 号也感到了强大的压力。贾尼丝把他叫到办公室，问道："我们怎样做才能达成销售目标？"

这一次，杰夫 2 号没有马上用他默认的答案做出反应，而是吸了一口气，在短短的几秒钟内审视了他的身体、思想、感受和情绪。仿佛他自身的一部分正从天花板上的巨大天窗往下看，观察着他自己。他尽可能客观地、非评判性地审视自己的内心世界——他的身体感觉、他的情绪和他的想法，而不与它们产生共鸣。

简单来说，就是将我们自己从感觉和想法中抽离出来，避免"附着"在这些情感上。当无法将自己抽离出来时，我们只有通过我们的感觉和想法来识别这个"我"，这时正在面对压力的我们和正在观察经历这一过程的我们是一体的。在上面的例子中，如果形成这种依恋，我们不是在体验不能胜任的感受，就是不能胜任。与其说我们有让老板失望的念头，不如说我们就是会让老板失望。

然而，当从自己的感觉和思想中抽离出来时，我们可以观察自己的经历，观察自己的感觉和思想。我们仍然会有情绪，仍然会消极或有受伤的感觉，但我们会注意并接纳这些想法，而不是完全认同它们。在这种状态下，我们会有失败的感觉，而不会真的失败。我们会有愤怒的感觉，而不会真的愤怒。只要内心有一部分仍然是独立的观察者，我们就有能力选择一种反应，而不是完全追随当下的情绪，被其冲昏头脑，出于习惯而做出反应。

从我们的感觉和想法中抽离的第一步是练习"双重意识"，这是一种对我们的外部和内在环境以及它们如何相互影响的综合意识。有了这种意识，我们就能够进入一种状态，在这种状态下，无论周围发生了什么事情，我们都能用心去做，并发挥出自己的最佳水平。这种在不断变化的复杂环境中做到这一点的能力，是在团队领导、体育竞技和其他人类事业中迈向卓越的第一步。

杰夫2号在"双重意识"方面训练得很好。他意识到，他平时的领导方式已经不足以让他应对眼下的挑战了。当他从上俯瞰自己时，他注意到：自己的手心出汗了，呼吸也加快了。他意识到自己的内心在嘶吼："我不知道！"他也意识到自己的犹豫不决、恐惧和沮丧。同时，他感受到这时有一种声音在诱惑他，那就是告诉贾尼丝，他会处理好这个问题，然后结束对话。杰夫2号也知道，自己前一天晚上没有睡好，他可能特别容易被自己的情绪冲昏头脑。因此，他没有马上做出反应，而是停顿了一下。

他注意到自己有多不舒服和多么失控，也注意到自己有多担心无法兑现承诺，让自己和贾尼丝失望。

在采取行动之前，杰夫 2 号努力接受这种状况和他对此的感受，而不是先入为主地评判它们或希望它们有所不同。杰夫 2 号还意识到这种状况是如何影响自己内心的，以及自己的恐惧和焦虑可能反过来影响贾尼丝，并因此对他的外部环境产生影响。而这短暂的停顿为不同的反应方式开辟了空间。

与杰夫不同，杰夫 2 号有能力在给贾尼丝一个明确的答案之前争取时间，不然他以后可能会后悔。"我晚些给你答复，"杰夫 2 号对贾尼丝说，"我们现在正面临各种变化，有些发生在我们自己的供应链中，有些则广泛地存在于行业中，我们还没有掌握这些变化。我不能保证实现这些目标，但我会思考后答复你的。"

杰夫 2 号花了一些时间来承受贾尼丝失望的表情。他想象着她对他的失望，但他也意识到，他可能是把自己的恐惧和焦虑投射到了贾尼丝身上。有可能她只是对这种情况感到失望，而不是针对杰夫 2 号本人。他以前从未以这种近乎残酷的诚实和她谈论可能无法完成任务的情况，他想缓解房间里的紧张气氛，他知道她可能会因冲动而做出回应。

"我能想象你有点儿焦虑，我也是，"他告诉她，"有很多事情是我们以前从未遇到的。但我相信，和我的团队一起，我们可以找到需要解决的最核心的问题，并提出解决方案，使我们朝着正确的方向前进。"

　　杰夫 2 号的行为转变看似很简单。但实际上，要改变我们习惯性的行为是非常困难的，特别是当我们感受到威胁时，这需要大量的练习。因此，让我们来分析一下，杰夫 2 号这次到底做对了什么，使他能够选择这种新的、不同的反应。

　　杰夫 2 号所做的第一件事，也许是最重要的一件事就是暂停，开始实践"双重意识"，并迅速意识到外界和内在都发生了什么。他意识到，他正处于一个新的地带，在那里，之前经他验证的成功模式很可能不起作用。他还知道，他正因这种不确定性而感受到威胁。在这种状态下，他很可能会回避，采用自己习以为常的做法，而不是保持思考，思考新的可能。通过暂停并应用他当下可用的工具，设法保持心智开放，并以更有效的方式解决问题。

　　这就是实践中的"刻意冷静"。它使杰夫 2 号不被情绪左右，帮助他认识到环境的变化很可能需要一种新的方法，并让他有机会做出简单而深刻的选择来尝试新方法。

　　杰夫，如你所知，与杰夫 2 号有相同的想法和感受。他们都曾呼吸急促、手心出汗，这是在面对压力时会出现的两个明显迹象。他们听到了内心同样的声音，感受到了同样的恐惧，要对贾尼丝说什么也有同样的直觉性答案。但是，杰夫没有意识到他陷入自己的想法和感觉，而杰夫 2 号实践了"双重意识"，可以从远处观察自己，保持抽离的状态。在这种状态下，他能够看到事情的真实状况，并认识到他通常的做事方式无法应对眼前这个特殊的挑战。只有这样，杰夫2号才能运用工具来改变行动的方向。

这是领导者的一项关键技能：尽可能客观地解读外部现实，将其与我们的感受联系起来，反思需要做出的决定，并选择如何面对困难并做出最佳反应。这可能会导致我们把不舒服的情绪置于水平面之下，淹没在我们的潜意识里，但如果想作为人类和领导者进化和成长，我们就有必要主动正面应对痛苦的情绪且不被它牵着走。

当意识到痛苦的情绪而不陷入其中时，我们就会发现人的强烈感受实际上是一种天赋。它在告诉我们，我们习以为常的做法可能并不适合处理我们当下所面临的情况。当这种情况发生时，我们不要退缩或被情绪冲昏头脑，而要认识到这是一个鼓励你学习新知识的时刻。

这会把杰夫2号引向何处？在召集团队之前，他花了一些时间规划方向，即他想在这个关键的会议上达成什么，他希望他的团队有什么感受，他希望他们做什么，以及这与他过去的做法有什么不同。

经过反思，杰夫2号意识到，在过去，他总是认为从团队那里获得结果的最好方式是不断向他们施压。他希望别人能像他一样对压力做出反应——能"处理"它。但现在他看到，如果他选择一种不同的策略，更好的结果就可能会出现。他设定的目标是将他的团队从一个听命于他、向他寻求答案和方向的团队，转变为一个共同找出目标和实施策略的团队。在会议结束时，他打算让团队感到有动力、有责任感，并愿意讨论挑战，同时创造性地解决问题。他还希望给他们信心，让他们知道，只要团结起来，他们就能赢。

杰夫2号确定好方向之后，就叫上他的团队一起讨论数字。会议一开始，他就能看出他们很紧张。他们中的每个人都没完成目标，即使是团队中最优秀的区域销售代表也只完成了90%。团队成员喜欢杰夫2号，即便他在不断向他们施压。团队成员了解他的作风：他不喜欢听借口，只想看到结果。这一次，他们不知道如何拿出这些结果，所以他们感受到了威胁。不过，杰夫2号也能看出他们仍然在意目标是否能达成。

杰夫2号没有像往常一样深究数字，而是在会议开始时就说："我知道你们可能感觉不太好，说实话，我也有同样的感受。我刚刚和贾尼丝讨论了一下，我不得不告诉她，我们仍然没有实现销售目标。"杰夫2号看了看他的团队成员，注意到他们担心、紧张的表情稍稍缓和下来。"我向她解释说，由于市场近期变化很大，我们还没有找到回到正轨的方法。我不得不承认，我没有某个简单的答案，所以我感到担心。这是我们以前从未面对过的情况。但我也感到兴奋，因为我相信，只要有这个团队在，我们就可以找到应对这些挑战的方法，并提出解决方案。"

就这样，大家开始发言。他们讨论各自对市场的观察，哪些策略对他们来说是有效的，哪些策略没能产生效果。杰夫2号帮大家缓解了威胁感和必须给出所有答案的压迫感，因此他们能够协作解决问题，而不会因为感受到威胁就回归自己的默认行为。

这一点非常重要，正如我们在杰夫身上看到的那样，一个觉得自己受到威胁的领导者会在人群中传递同样的感觉，从而导致合作和沟通完全失效。通过保持开放，杰夫2号也引发了大家同样的感受。不过在离开会议时，他们没觉得士气低落、无助和高压，而是觉得自己有能力和信心，认为自己正在努力为公司创造一个更好的未来。这让他们渴望一起工作去找到解决方案，而不是陷入攻击和防御的破坏性模式。

不过，他们所面临的问题不会在一夜之间消失。每个月，贾尼丝都会把杰夫2号叫到她的办公室，问他如何提高销售额。在第一季度末，他们仍然明显落后。在每次会议之前，杰夫2号都感受到巨大的压力和挑战，但他会设定一个方向，与贾尼丝开放且诚实地沟通。在第一季度结束时，他告诉她："我理解你对我们没有完成目标感到愤怒和失望，我也有同样的感觉。"他表现出自己脆弱的一面，也在打破贾尼丝逐级传递压力的态势。可是杰夫却把贾尼丝的压力传导给了他的团队，杰夫2号则是一位变革推动者，他当下就阻断了压力，这是很有力量的。

他们之间还有一个区别，那就是杰夫2号没有回归他旧有的行为模式——把问题完全扛在自己肩上，所以他愿意向贾尼丝寻求帮助。"数据很清楚地告诉我们，为了跟上时代，我们必须开始销售附带软件功能的产品，"他告诉贾尼丝，"我们可以继续打折，但到目前为止，这样并没有真正帮助销售。有太多的竞争对手提供了我们没有的产品。"

就这样，贾尼丝成了解决方案的一部分。她和杰夫2号开诚布公地讨论了到底是收购一家已有这些照明产品的小型公司，还是加快他们自己的创新研发进度，以便他们能够加速推出附带软件功能的产品。通过保持开放和寻求帮助，杰夫2号利用他的专业知识在公司内部做出积极的改变。第二步，杰夫2号同意让他的团队确定用户需求最高的产品，而贾尼丝则与业务拓展团队沟通，将创新迭代周期从一年一次改为一个季度一次。这也引发了积极的连锁反应。当团队成员看到杰夫2号向贾尼丝寻求帮助时，他们也会变得更有可能寻求帮助。

杰夫2号跟杰夫一样努力，区别是杰夫2号没有把所有的情绪都藏在心里，也没有试图自己解决所有问题，他对家人更加开放，告诉家人自己在经历什么。因为对杰夫2号在工作中面临的情况有了更多的了解，家人更加理解他，家里的紧张气氛大大减少。杰夫2号也不再把自己的压力传导给家人。有一天晚上，杰夫2号的孩子们请求他休息一下，和他们一起去外面玩，他意识到，如果他只是花几个小时和孩子们玩，公司并不会因此破产。

第二天早上，杰夫2号精神抖擞地回到工作岗位上。他注意到自己比平时更有活力，也更满足，他记得以前在晚上跑步后会有这种感觉，但当工作情况变得很不稳定的时候，他放弃了夜跑。杰夫2号恢复了每日跑步，并开始利用这段时间思考刚刚结束的一天和将要面对的第二天。

当跑步时，杰夫2号会思考他在感受到威胁时是如何行动的，他什么时候会退回惯性行为，什么时候能够保持灵活并学到新东西，哪些外部因素影响了他的行为。思考第二天，他会问自己什么时候最有可能感受到威胁，并思考应对方式。跑步成了杰夫2号复原力的一部分，起到了在行动中冥想的作用。

在那年年底，杰夫2号的公司加快了创新的步伐，收购了一家精通技术的小公司，公司的团队能力更强也更灵活了。不过，公司仍然面临挑战，甚至还有一些时刻，杰夫2号感到焦虑和无能为力，甚至变得没有追求，失去了按计划行事的能力。他面对的问题很复杂，有时杰夫2号会被自己强烈的情绪淹没和左右。像我们一样，杰夫2号也是人，不完美。但在越来越多的情况下，他能够实践"双重意识"，保持灵活，并做出他认为对自己、对公司和对团队最有利的选择，即使在最具挑战性的时刻也能做到以上这几点。

让我们花点儿时间想一想，在你自己的人生中，无论是生活还是事业，都有数不清的突发情况，你可以用"刻意冷静"的方法更有效地驾驭当时的情形。在本书中，我们将努力帮你发展"双重意识"，让你获得你所需要的工具，预测和适应挑战，跟上这个变化越来越快的世界，并在不确定的时刻比以往更有效地学习和领导。你会发现自己从受害者变成了变革推动者，从刻板木讷变为积极探索，从心存恐惧变为充满希望。我们希望你已经准备好了，并对进一步学习"刻意冷静"感到兴奋。

练习"双重意识"

在行动中观察自己的想法可能看起来很抽象，让我们来练习一下，让这个理论变得真实而具体。我们将从独自冥想练习开始，久而久之，你将能够把这种做法应用于与他人互动的动态场景。

首先，想象一下你家天花板上的天窗。也许你能看到外面的蓝天，几朵云，或从窗户射进来的阳光。现在想象一下，你实际上是在天窗上透过玻璃俯瞰自己。你看到自己置身周围的环境中。你看到自己与房间里的其他人在互动。你要意识到这一点：你置身环境中，完成任务或与他人互动。注意，你可以做当下的任何任务，同时从天窗中观察自己。

现在，观察得更细致一些，觉察你身体的感受。房间里的温度是多少？你能感觉到皮肤与衣服面料相碰的触感，或者地板对双脚的支撑吗？你的情绪如何？你是焦虑、兴奋、害怕，还是无聊？你能察觉到那些你不会与房间里的其他人公开分享的感受吗？花点儿时间说出至少一种你所感受到的情绪和一种在脑海中闪现的想法。

你刚刚通过观察环境中的自己，体验了"双重意识"的基本依据。这种意识我们天生就具备，但在有压力、有挑战的时候，当你把所有的注意力和资源都集中于眼前的情况时，你可能很难看到"天窗"。然而，你在没有压力时越多地练习"双重意识"，在压力之下你就越能做到这一点。久而久之，你就能在紧张、激烈、高压的时刻，也就是在最重要的时刻，实现"双重意识"。这将帮助你不受隐藏的冰山和外部环境的影响。在面对复杂环境和新挑战时，你就能想出越来越多的创造性方法。

熟悉区还是适应区

倾听私语，你就不会听到怒吼。

——切罗基人谚语

雷蒙德是一家区域性能源公司的首席执行官，该公司在当地的熟人社会中发挥着重要作用。他的公司是该地区最主要的雇主，经常为同一个家庭的多代人提供工作。四年来，雷蒙德自信地带领公司完成了一系列渐进式的进步，他认为公司正走在一条正确的道路上。在经营日常业务和激励执行团队时，他是一个强势的领导者。他在社区中也是一个大人物，在当地政治、慈善倡议及活动中高度引人注目。

在私生活中，雷蒙德的社交活动集中在关系亲密的家人朋友之间。虽然日常工作时间很长，但他会确保留出足够的时间与家人共度，他是一个体贴的丈夫和父亲。他休息时常与家人和他的公司的两个高管——戴夫和塞西莉——在一起。他们三个家庭一起度假，有时也会有其他人加入，他们的孩子一起上学，孩子们还在同一个运动队打球，他们就像一家人。几家人在雷蒙德的湖边别墅度过了许多个周末，一起划皮艇、烧烤，享受彼此的陪伴。

当然，雷蒙德每天都会面临一系列压力，但总的来说，他能够很好地保持平衡。也就是说，一切都很好，直到雷蒙德面临的商业环境开始改变。监管要求正在发生重大变化，公司的客户群和竞争格局也在变化。雷蒙德意识到，为了适应变化并在这种变化中成长，公司业务和组织架构都需要转型。

雷蒙德在通勤路上开车时，深刻思考了公司的转型。由于对路线特别熟悉，他可以完全自由地思考公司如何转型，在驾驶过程中他经历了许多"灵光乍现"的时刻。最终，公司面临的挑战对雷蒙德来说变得具体化了，他意识到公司需要做出三个关键的改变：大幅提升入市数字化能力，显著降低成本，投资新技术和新市场。

进行这些变革是一项巨大的工程，将对组织和员工产生很大的影响。但是，雷蒙德知道，这是必要的。他自信地将他对公司的新愿景传达给董事会和他的高管团队，然后传达给整个执行团队。在激励团队时，他总能神采飞扬。总的来说，反馈是非常积极的，雷蒙德觉得他肯定得到了使这一艰难转型取得成功所需的支持。

令雷蒙德感到鼓舞的是，戴夫和塞西莉似乎很认可他的愿景和转型计划。无论是在高管会议上还是在私下里，他们都向雷蒙德保证，他们将负责带领各自的团队完成必要的转型。塞西莉和戴夫不仅是他的朋友，也是公司里受人尊敬的领导者，他们一直都在尽心尽力地履行职责。他们还领导着收入最高、员工最多的两个部门，这两个部门也是最需要转型的。雷蒙德知道，他需要塞西莉和戴夫来帮助他成功实现企业转型，他很感激有他们两人在这个团队中。

因为需要巨大的转型，雷蒙德给公司出了个难题，但公司领导者团结一致，转型有了一个很好的开始。员工们能够尊重过去，同时也认识到为了确保公司的光明未来，转型势在必行。

然而，转型计划在大张旗鼓地启动一个月后，公司并没有取得雷蒙德预期的进展。工作似乎在原地踏步，而他不确定原因。在每两周一次的高管会议上，每个人都说他们正在采取所有必要的措施来支持业务转型。但事情并没有进展。最令人担忧的是，在最需要变革的两个部门——由塞西莉和戴夫领导的部门，进展几乎为零。

又过了几个星期，雷蒙德开始听到一些传言，说当塞西莉和戴夫跟他们各自的团队沟通时，他们并不像在董事会或与雷蒙德的高管会议上声称的那样积极。事实上，他们在组织管理方式上几乎一成不变。起初，雷蒙德根本无法相信他最亲密的朋友不支持他和他的愿景，这对他来说无异于一种背叛。尽管有越来越多的迹象表明塞西莉和戴夫并没有真正参与变革，但他依然拒绝接受这一现实。

久而久之，转型毫无进展的事实越来越明显。转型进程卡住了，而这种延误在很大程度上是塞西莉和戴夫的部门导致的。雷蒙德还搜集到越来越多的信息，表明塞西莉和戴夫反而在指示他们的团队不要执行那些创造变革所需的、困难但必要的决定。

雷蒙德不知道该如何面对这种事实，所以他继续无视自己不断增加的对背叛的怀疑，希望情况有所改善。他告诉自己，公司很大，很复杂，很难迅速转型。他们只是需要更多的时间。当然，这让现有的运作模式不断重复——塞西莉和戴夫在会议上大声宣称支持雷蒙德，而每个人，包括雷蒙德自己，都表现得好像一切都很好。但会议结束后，戴夫和塞西莉的部门依然我行我素，转型计划仍然停滞不前。

很快，雷蒙德就发现公司业绩开始下滑。他认为，眼前的挑战对公司构成了生存威胁。他比以往任何时候都更相信，他的愿景和转型计划是拯救公司的最佳方式，甚至是唯一的方式。然而，别说进展缓慢了，现在看来，公司根本就毫无变化。

更令人沮丧的是，当公司其他部门的人看到公司最大的两个部门对转型只是嘴上说说时，对转型的整体支持开始减弱。雷蒙德和其他高管公开说的话和他们实际做的事之间的反差，所有人都看得很清楚。雷蒙德感到压力越来越大，甚至开始感到愤怒。他晚上睡得越来越少，酒却喝得越来越多。连续好几个周末，他都没去湖边的别墅参加家庭聚会。他借口说自己太忙了，但在某种程度上他是在避免与戴夫和塞西莉产生正面冲突。

与此同时，他的妻子也听到了关于公司的传言和担忧，并开始询问雷蒙德工作中发生的事情。由于不知道如何回答，他开始变得暴躁，防御性增强。现在连家庭生活也成了他的压力来源，雷蒙德觉得自己快要崩溃了，因为他完全不知道该怎么做。

熟悉区和适应区

当面对生活中的各种情况时，我们会在具体环境下的不同"区域"之间摇摆不定。概括地说，我们发现将其归纳为两大主要区域有助于理解："熟悉区"和"适应区"。成功地驾驭和发展这两个区域对我们的要求是明显不同的。

熟悉区和它的字面意思一样，是一个熟悉和已知的外部环境。我们通常对这个区域中的任务和挑战有充分的准备。我们知道这里的情况和"游戏规则"，我们已经建立了一套适用于这种情况的反应、方法和行为，而且我们或多或少知道我们需要做什么才能成功。

然而，适应区是一个新的外部环境，是一个新的领域或"未知的水域"。适应区的环境是我们不熟悉的、不确定的，或者在某些重要方面是不可预测的。一旦发现自己处于这个区域，过去对我们有效的行为模式、方法和解决方案就可能不够用，为了成功，我们必须学习新的知识。在这个区域里，我们不知道怎么做才能取得好结果，也不知道我们是否能胜任这项工作。

"刻意冷静"的重点是教会我们识别自己何时进入了适应区，以及如何充分地驾驭它，以便我们能够选择最有效的行为，而不是回到旧有的模式或被我们的情绪冲昏头脑。这是"双重意识"的第一重：识别我们所处的区域，为了实现我们的目标和愿望，在那个特定的时刻，识别眼前的情况对我们的要求。

如果缺乏这种意识，迟迟不能意识到我们是在适应区，并继续依赖那些根本不适合我们目前情况的习惯和行为模式，我们就会遭遇不可估量的损失。另一方面，当我们学会更轻松地驾驭这个区域时，适应区就有巨大的机会等着我们去不断发现、创新和实现真正的转变。

随着世界变得越来越动荡、不确定、复杂和模糊，我们越来越频繁地发现自己置身适应区，面对新的、从未见过的挑战，却没有一个现成的工具包可以依赖。对我们来说，学会成功驾驭适应区比以往任何时候都更加重要。颠覆性技术的不断引入，信息的快速传播，对人才的需求和加剧的竞争，不断变化的利益相关者的需求，以及其他挑战，都要求组织和个人迅速改变，并提供全新的、创新型的解决方案。在这种情况下，继续依赖我们旧有的行为模式可能会导致灾难性的后果，而抓住机会创造新的行为模式则可以为个人和组织的成长开辟空间。

高风险

在每个区域内，明确我们和周围的人所面临的风险是很重要的。有时，这些风险是客观的，例如，生存受到威胁。有时，风险是比较主观的，比如由于个人原因，某个挑战或机会对我们特别有意义。无论风险是客观的还是基于我们自己的主观解释，它们都会影响我们感受到的压力的大小、我们做出反应的倾向，以及当下我们可能做出的最佳反应。特别是当我们认为风险很高时，我们的自然反应往往不会是最佳反应。练习"双重意识"让我们能够刻意使我们的内部反应与外部环境的要求相匹配。

熟悉区

当我们处于熟悉区且风险较低时，这是一个可以让我们自在地表现、放松和享受当下，或者找回状态和恢复精力的好时机。

熟悉区让你感觉安全，可以练习和磨炼你现有的技能。在熟悉区中，我们也可以自由地玩耍、社交，并享受这种状态。例如，当雷蒙德沿着熟悉的路线开车去上班，以及与家人和朋友在湖边放松时，他处于低风险的熟悉区。

图 2-1　双重意识框架

一个低风险、舒适的环境就是我们通常认为的熟悉区，但我们在这里有意回避这个术语，因为这个术语结合了两个独立的不同元素——我们的外部环境和我们的内在体验。在一个舒适的、客观上安全的环境中却感到压力大和不舒服也是很有可能的，这往往是因为我们隐藏的冰山被触发了。

例如，那些有心理创伤史的人经常发现，即使外部环境是安全的，某些微小的、日常的细节也会引发极端的内在压力反应。在这种情况下，问题不一定是外部威胁或危险程度本身，而是潜在创伤的严重程度和被触发的内心恐惧。但我们的内在情绪都会在某种程度上被触发，无论我们是否有创伤史，有时甚至在安全、舒适的环境中我们也可能感受到危险。

也就是说，在一个低风险的熟悉区，最自然的反应就是放松。许多领导者即使是在舒适的低风险环境中也很难让自己在随性的状态下做事情、放松，或恢复状态，但这些活动对我们的整体表现和领导能力起着至关重要的作用。虽说"思绪游离"有负面含义，但在需要时，思绪游离是有好处的，因为它可以释放我们的认知和能量来源，让我们的头脑休息一下，为我们面临更高压力的情况储备能量。

思绪游离本身也可以是一种生产力。像雷蒙德一样，我们中的许多人都可能经历过这样的时刻：我们在洗澡、洗碗或在做一些其他的普通小事时，我们的思绪开始游离，然后"尤里卡"突破突然降临。还有一些人利用这些"思绪游离"的时刻进行反思、总结，或者被动地探索和学习，例如在通勤时听有声读物或播客。这是一种思绪游离的方式，让我们可以休息一下，也可以帮助我们补充能量，增强自我意识。

复原、创造一个安全舒适的空间和健康的生活方式、为我们的身体和情感电池充电，这些同样是我们处于低风险的熟悉区时对我们有益的行为。当处于复原状态时，我们可以给自己补充能量，因为我们不用在压力下努力表现或想办法适应。为整体复原留出足够的时间，对我们的表现和驾驭不同区域的能力非常重要，因此我们在本书后文专门有一整章的介绍。

最后，处在低风险的熟悉区是练习或演练我们现有技能的好时机。这一环境并不要求我们学习新知识，我们也没有表现自己的压力。我们能够在一个安全和已知的环境中努力改善我们已经知道如何做的事情。例如，顶尖的运动员和音乐家经常有密集的日常练习，并在低风险的熟悉区刻意进行复原练习，让自己的技能处于最佳状态。'

当熟悉区的风险变高时，虽然面临压力，但我们发挥现有的技能或方法依然可以确保获得成功表现，我们依然有能力迎接当前的挑战。这时，就是执行落地的时刻了。理想的话，在这种条件下，我们正在把自己的能力边界推向极限，达到能力巅峰。雷蒙德在这时处于他的巅峰状态，他能够做出正确的决定，将他的战略愿景转化为对组织有说服力的行动号召，启发和激励他人，甚至在做出重大决定时，他也能做到向团队授权，引领公司走向成功。

在高风险的熟悉区，我们可以进入心流状态，这需要深度的、全心全意的专注。根据心理学家米哈里·契克森米哈赖的说法，心流状态有以下几个特点：我们有明确的目标，时间加速或减慢，这种体验有内在的正反馈，我们体验到轻松自在和悠闲，我们在眼前的挑战和技能之间找到了一个平衡点，我们的行动和意识相融合，我们不再有意识地自我反省，我们对手头的任务有一种控制感。

在这种状态下，我们很舒服，因为所处的环境是熟悉的，与我们的期望和能力相一致。在这个时刻，我们不需要为了获得成功而去努力适应。虽然可能面临挑战，但我们可以迎难而上。我们已经做了必要的学习，面对眼前的挑战和机会，现在是表现的时候了。

因为我们的技能是独一无二的，所以每个人进入心流状态的活动和环境是高度个性化的。领导者在激励他们的团队或想象公司的未来时，可能会进入心流状态。艺术家在受到启发并完全专注于他们正在创造的作品时，可能会进入心流状态。而运动员在球场上运用他们多年来练习和完善的技能时，往往也会进入心流状态。

在每一种情况下，处于心流状态的人都在全力工作，只是表面看起来并不困难。在未经训练的人看来，运动员的动作、艺术家的运笔或首席执行官的讲话似乎毫不费力。实际上，能进入心流状态是需要极大努力的，但能够完全沉浸在我们正在做的事情中并充分展示我们的专业知识也是令人欣慰的。

顶级运动员在比赛时经常会体验到高度的心流状态，原因之一是他们能够花大量时间在身体和精神上，为自己做好准备（最好是在低风险、熟悉的环境中），以便在大型比赛最终到来、风险更高时发挥出最佳水平。到了比赛的时刻，游戏规则是已知的，不会在比赛中发生改变。球场或场地与他们预期的完全一样，网球网或篮球架的大小和高度也是标准化的。

当意外发生时，如一个小失误把运动员搞得晕头转向，他们能做的最好的事情就是忘记失误，继续做他们已经准备好的事情。[2] 他们可以，也应该根据对手的表现做出调整，但他们仍然会在自己的专业范围内进行调整。他们不像在适应区所需要的那样在比赛中学习一种全新的技术。

在提摩西·加尔韦的经典著作《身心合一的奇迹力量》中，他谈到了顶级运动员如何减少影响巅峰表现的心理干扰。在熟悉区，需要克服的主要"干扰"往往与外部因素无关，而是以焦虑、反思、自我怀疑、自尊心等形式出现。正如加尔韦所说："内心的角斗发生在玩家的脑海中，它是针对注意力不集中、紧张、自我怀疑和自我谴责等障碍而出现的。简言之，它的作用是克服所有抑制卓越表现的思维习惯。"

适应区

当然，我们在适应区的理想反应与在熟悉区的完全不同。在适应区，我们还不知道什么能帮助我们获得成功，所以仅仅是简单地执行和尽可能减少干扰是不够的。

当适应区的风险较低时，我们有机会自由探索，不需要直面迫在眉睫的挑战压力。在这里，我们可以发挥创造力，发现新事物。这就是许多新发明被发现的场景——想想那些传说中在自家车库或实验室里捣鼓的发明家。虽然低风险的适应区不一定意味着不付出努力，但它确实往往没什么压力，因为没多少利害关系，恐惧和风险往往被降到最低。这也是学习新东西、补充我们的工具箱的好时机，无论是带来满足感的爱好还是解决当前问题可能需要的新技能。

随着适应区风险程度的上升，我们面临着独特的要求、风险和机会。我们处在自己不熟悉的领域，有真正要把事情做成的压力。在这种情况下，我们所面临的挑战要求我们做与以往不同的事情，而这些事情对我们来说并不容易，也不是自然而然的。如果我们失败了，真实的后果就会产生。这种情形已经超出了我们现有的能力，我们日常的习惯、思维模式和行为不再能以我们需要或希望的方式来为我们服务。

为了在这种情况下取得成功和实现我们的目标，我们面临的挑战是：在巨大的压力和往往令人恐惧的未知中，抛弃我们既定的成功模式，学习新的知识。然而，正如我们将进一步探讨的那样，人类对不确定的、高风险情况的自然反应与我们期望的是完全相反的，即防御、自我保护和退守已知的领域。这就产生了适应性悖论——当我们最需要转变和适应的时候（高风险的适应区），我们自然的本能反应是恐惧和自我保护，这又会导致我们退回到旧有的行为模式而不是去学习新的行为模式。

在履行首席执行官的日常职责中，雷蒙德大部分时间都处于熟悉区。他努力工作，虽然有时风险很高，但他可以处理这些挑战，并通过现有的模式满足自己的需求。当雷蒙德开始面对多个适应区时，这些行为模式不再为他服务了。现在，为了使他的需求得到满足，他必须改变自己的行为，或者改变驱动这些行为的潜在信念、心智模式、思想和感觉。

领导公司进行大规模转型是雷蒙德面临的前所未有的复杂挑战。这使他完全处于适应区，因此他必须创新和尝试新事物。他也知道这一点，但是，当他开始经历与戴夫和塞西莉的冲突时，他被一厢情愿的想法蒙蔽，这使他开始否认现实。这种感受是如此强烈且不自在，以至他不想面对。他不断地把这种感受推开，不能或不愿意认真审视眼前的现实，以及自己对它的实际感受。

像雷蒙德一样，当我们处于适应区时，我们经常感到压力大、焦虑和不舒服，特别是当风险提高时。这些感觉可能是不愉快的，但它们也是有价值的信息，提示我们在发展自己所需的新的行为模式时，保持感知并变得更有主见才能成长。如果无视这种不愉快，我们就有可能错过进化和成长的时机。我们可能看不清楚状况，陷入自满，而且由于坚持旧的、无效的信念而无法迎接挑战，或者由于坚持舒适和安全的感觉而错过好机会。通常情况下，退回到旧行为模式只会使我们当前的问题变得更糟。

学习还是防御

由于公司转型仍然停滞不前，雷蒙德开始带着深深的黑眼圈出现在公司。在他们的高管会议上，戴夫和塞西莉一直说他们支持公司转型，而雷蒙德一次又一次地拒绝解决显而易见的问题。对雷蒙德领导力的不信任和怀疑在团队中悄悄蔓延，团队成员开始在会议上翻白眼，因为他们看到这个恶性循环在一次又一次地发生。

对其他人来说，很明显，雷蒙德需要让戴夫和塞西莉负责任。高管团队的其他成员甚至试图与雷蒙德谈及此事。虽然雷蒙德承认他们说的可能是真的，但他好像真的听不进去。他陷入了极力否认的状态，看不到客观事实。

随着时间的推移，雷蒙德感到越来越无助。在感到不安的夜晚，他会下决心第二天与戴夫和塞西莉交谈。但当新的一天到来时，他却做不到。在雷蒙德与他们的几次谈话中，他们说各自部门里都有一些挑战需要解决，然后才能带领团队推动转型。雷蒙德放过了他们，因为他非常想相信他们。

公司的转型以及戴夫和塞西莉的情况都是适应区的挑战，具有类似的高风险性。公司的未来正处在危机之中。是什么导致雷蒙德对这两个高风险的挑战有如此不同的反应？答案很简单，当他为公司的转型制定战略时，他感到很安全，但在没有得到朋友的支持时，他把这解释为对自己核心身份的威胁，这是他内心冰山的根源。感到安全还是感受到威胁，会使他在处理问题时处在截然不同的情绪、心理和精神状态中。

这就是"双重意识"的第二重：认识到我们内心处于哪种情绪、心理和精神状态，以及这种状态是不是最适合我们去应对当前的外部环境。虽然我们可能会以不同的状态出现在任何一个区域，但当处于适应区时，最重要的是要学会如何在最有可能发生转变的两种状态之间切换：防御和学习。

防御

防御是当我们感受到威胁时的自然状态，这种潜在的威胁可能真实存在，也可能仅仅是我们的大脑和身体解释当前环境的方式。作为人类，我们倾向于把不熟悉的、未知的情况解释为威胁。这使得我们自觉或不自觉地以我们认为会起作用的方式做出反应，来保护我们的想法、生活、意见、工作、朋友、家庭和社区。

在这种不确定性中，我们渴望熟悉的舒适感，所以经常会退回到过去对我们有效的行为模式。我们选择把自己冻结在冰山中，轻易被情绪冲昏头脑，并陷入适应性悖论。然而，恰恰是这种环境创造了适应区，它要求我们找到新的想法和解决方案，也引发了恐惧和焦虑，使得我们退缩，执行过时的战术，而不是学习、探索、创新和适应形势。虽然在任何情况下我们都可能会感受到威胁，并转变为防御状态，但风险越大，越需要去适应环境，我们就越有可能自我保护，对眼前的问题无能为力。换句话说，局面越困难，越需要我们去适应，我们就越不可能做到这一点。

然而，即使我们处于熟悉区，没有真正需要适应的状况，眼前没有任何形式的威胁，个人触发机制也会使我们转向防御。假若如此，我们便是经历了一些主观上认为有威胁的事情，而这往往是由我们内心隐藏的冰山导致的。在这种情况下，我们主要担心的是恐惧本身。

在一个真正高风险的适应区中，有三个因素共同作用，使我们越来越深地陷入防御状态。首先，是每个人自身特有的触发因素，所以我们必须意识到并管理自己的内在反应。其次，我们需要应对真正的挑战，这使得处于学习状态更加重要，而保持这种状态尤其困难。最后，"适应性"挑战很可能不仅给我们带来威胁，也会威胁到我们周围的人，因此，成为一个"刻意冷静"的领导者比以往任何时候都更重要，当然也更困难。

一旦感到被塞西莉和戴夫背叛，雷蒙德就会陷入防御状态。他无法看透，也无法认识到他当下所处的环境需要全新的或不同的反应方式。他所有的注意力都被手头的问题霸占了，他没有多余的精力去观察和感知自己的内心。他很自然地回到以前的模式，表现出典型的防御行为：掌控、压制、自我伤害、过于理性的行为和回避。

这很正常。当进入防御状态时，我们会顽固坚持，退缩，并开始在意如何保护我们的身份、观点、故事和内在逻辑。我们捍卫它们并对它们紧抓不放，而不会去考虑其他观点，尝试或学习新知识。

有大量的研究表明，适应区的风险提升往往会导致创新的减少。在一个实验中，参与者得到了一支蜡烛、一个打火机和一盒大头钉，并被要求用以下方式摆放蜡烛：使燃烧的蜡烛和滴落的蜡泪保持在桌子上方至少10厘米的位置。这项实验要求他们放弃传统的解决问题的方法，体验创造性的突破，用装大头钉的盒子固定蜡烛并收集滴下的蜡泪。换句话说，参与者进入了适应区。

如果在12分钟内完成任务，一组参与者会被给予经济奖励，而对照组没有奖励。有经济激励的那组人在适应区赌注更高、风险更大。高风险对他们的创造力产生了负面影响。与面临较低风险的组别相比，他们成功解决问题的可能性更小。[3]

值得注意的是，正是我们对外部环境的内在反应触发我们进入防御状态，所以内在反应对我们是否会进入这种状态起到了关键作用。当我们的内心因为睡眠不足、吃得不好，或者在没有复原的情况下把自己逼得太紧而被消耗时，我们的身体就会变得紧张。这使得我们更有可能将外部触发因素解释为潜在的威胁，我们也更容易陷入防御状态。事实上，当雷蒙德开始喝酒、熬夜时，他变得更容易触发防御机制。

防御状态可能听起来很可怕，但这是一种自然的人类状态。特别是在我们面临生存威胁的罕见情况下，它可以拯救我们的生命。我们的目标不是要完全避免处于防御状态。世事无常，当我们出于某种原因感觉自己受到威胁时，我们的自然反应就是自我保护。这本书的关键是要塑造我们所需的感知能力和工具，使我们进入当下对自己最有利的状态。

虽然总的来说，我们可以而且应该争取减少处于防御状态的时间，但我们不应该评判我们在这种状态下的行为。我们将"刻意冷静"的方法传授给领导者，但不幸的是，我们发现人们仍然会做出防御行为——甚至比他们愿意承认的更频繁！同样，当雷蒙德处于防御状态时，并不代表他是个坏人，他只是效率低下。他封闭的思维使他无法解决当前的问题，但事情不该是这样的。

学习

当处于学习状态时，我们可以采取一种好奇的、初学者的心智模式，与他人交往并考虑他们的观点，探索新的可能性和方法，不一定要追求完美。我们可能仍然处于压力之下，我们可能仍然深陷强烈的情绪中，我们可能仍然面对着未知，我们可能仍然没有解决当前问题所需的知识或技能。但在学习状态下，我们不排斥这种不适感，因为我们不把它看作一种威胁。我们意识到环境的不确定性需要我们学习新方法或采用不同的思维方式，我们可以把它看作一个成长的机会。这使得我们能够做出有效的反应，并获得成功所需的技能。

有了"双重意识"，我们可以认识到外部环境的要求，并在内心有意识地选择学习状态。当这样做的时候，我们就可以选择如何联结、参与和回应。也许最重要的是，在学习状态下，我们保持了一种内在的控制力，不再寄希望于外部环境的改变，而是接受现状，并完全依靠自己的力量来改变情况或调整体验方式。我们认识到，只有自己才能决定如何选择自己的思想、情绪、信念和行为，也只有自己才能决定事情的结果。有了这种认识，我们就可以做必要的工作，孕育新的心智模式和行为模式，使之在当下最有利于我们。

通过融化和重构我们内心的冰山，我们极有可能增加我们在学习状态中的时间，减少处于防御状态的时长。这彻底让有威胁感的因素减少了。在一个熟悉的低风险环境中，我们是真正安全的，掌握我们的内部触发机制往往就足以帮助我们留在学习状态中。随着熟悉区的风险越来越高，我们更有可能转入防御状态。在这种情况下，采用一些生理学工具来帮助神经系统放松是很有用的，这样我们才能发挥出最高的水平。当我们想在一个日益动荡的世界中学习和领导时，许多挑战会发生在适应区。实践"双重意识"和使用"刻意冷静"的工具，可以帮助我们在这些最重要的时刻转变为学习状态。我们将在本书中学习这些工具。

危险

当我们经历创伤或倦怠，处在危机中，或在防御状态中停留过久时，我们可能会进入危险状态。这是一种极端的应激反应，我们的反应通常会变得过度活跃（"与压力对抗"的极端版）或过度僵化（"回避"压力的极端版）。在这种状态下，我们无法正常工作。我们可能会晕倒、瘫痪或出现其他身体症状，因为我们的身体会消耗自身的能量。这不代表软弱，它是一种对极端威胁的生理反应。

我们通常在面临生存危机时会进入这种状态，但在心理上，当我们的核心身份受到威胁时，感觉是相似的。这也是社交媒体之所以能消耗人的精力的原因之一，尤其是对青少年的消耗。当在网上受到攻击或霸凌，甚至只是被忽视时，我们都可能产生对自我身份认同的威胁感。如果没有觉察和自我调节的能力，对这种威胁的认知就有可能加剧，使我们陷入危险状态。

我们的身体不能长期维持这种状态。当我们经历慢性压力时，我们经常在防御和反击之间摇摆不定。在防御状态中，我们会感到焦虑并开始自我反思，这可能是非常不舒服的。当我们转向危险状态时，我们的身体会充斥肾上腺素和皮质醇，让我们做好战斗或逃跑的准备。假如长期处于防御状态，这些泛滥的肾上腺素和皮质醇会常态化，让我们觉得好像没有它们就缺少了什么。这种情况如果持续太久，就会成为一个危险的、令人上瘾的循环，直到我们达到倦怠状态，即身体决定我们不能再积极参与日常生活。如果没有长时间的复原，我们就很难从倦怠状态中恢复过来。

一般来说，我们并不会经常处于危险状态，但重要的是要知道它的存在，特别是当你处在长期高压下。照顾好自己，休息好，并做好复原恢复是至关重要的。如果你经历过心理创伤，我们建议你寻求专业帮助，治疗创伤后应激障碍（PTSD）的长期症状，直至痊愈。

转向学习

在这个时间节点上，我们作为公司转型的外部支持加入了雷蒙德的公司。一些管理团队的成员立刻开始和我们讨论戴夫和塞西莉的部门所发生的事情。他们想看看我们是否可以让雷蒙德理解这件事。我们和雷蒙德坐下来，了解情况。

看起来雷蒙德理性地认识到正在发生的事情。他看到了，也承认转型计划毫无进展在于缺乏支持，特别是塞西莉和戴夫的部门。他知道正是这点拖累了整个组织的发展。然而，他处于防御状态，一直回避他需要对戴夫和塞西莉的行为做出的艰难决定。我们的第一步是帮助雷蒙德建立更清醒的认识，让他知道自己为什么不采取行动，让他探索冰山里发生了什么。

与雷蒙德和他的首席人力资源官围坐在会议桌前，我们问雷蒙德是否愿意以一种稍微不同的方式来探索这一挑战。他同意了，所以我们让他闭上眼睛，放松。当看到他的呼吸变慢时，我们让他想象他在湖边度过了一个轻松的周末，于周一早上到达办公室。然后我们让他想象他走进会议室，开始他的高管团队会议。当扫视房间时，他可以看到所有人都聚集在一起，只有两个空位，塞西莉和戴夫不在。

我们看到雷蒙德的脸上洋溢着笑容，就问他："你感觉如何？"

"松了一口气，"雷蒙德说，"感觉随着两个阻碍的消失，我们终于可以推进计划，再次讨论真正的问题了。"

我们要求他睁开眼睛。

"这意味着什么？在没有两个团队成员阻挠进展的情况下，你能继续前进。有什么办法可以让你刚才想象的这种情况成真？"

"我无能为力，"雷蒙德无奈地说，"事情已经变得太激烈了。他们现在再转头来支持我已经太晚了，而且他们对我不坦诚，所以我不能相信他们的反馈。"

"好吧，"我们问他，"如果你不相信他们会改变，你还能做什么？"

雷蒙德深深叹了一口气，摇了摇头："我经常思考这个问题。

我唯一的选择是让他们走人，但我不能解雇他们。这将破坏我们之间的关系，并对我们几个家庭造成很大的破坏。我觉得我是这种情况的囚徒，这件事是无解的。"

我们很清楚，雷蒙德处在深度防御状态中，因为他被有可能毁掉的友谊吓住了。这使得他无法对眼前的情形和内心的反应有客观的认识，而这又引发了一个危险的盲点，限制了他领导力的有效性。他找不到摆脱这种状况的方法，因为他把自己的友谊和社交圈放在第一位。

我们又问："如果你不能解决这个问题，后果会是什么？"

"转型不会发生，"雷蒙德果断地说，"公司会受到影响。"

"那对依赖这家公司的 9 000 名员工的家庭来说这意味着什么？"

"嗯，我们可能不得不降薪，"雷蒙德说，"我们可能不得不辞退更多的人。"

"这将对当地社区产生什么影响？"我们问，"哪个更严重，是这个结果还是可能被毁掉的友谊？"

突然，雷蒙德仿佛从迷雾中走了出来。他长长地叹了口气，睁开眼睛，看着我们的眼神很清醒，表情里有不安。"我一直在优先考虑错误的事情，"他说，"当然，公司的未来更重要。我对所有的员工都有责任，而不仅仅是对他们。"

随着我们的交谈深入下去，很明显，他行为背后的诱因是他相信，如果他把戴夫和塞西莉赶走，不仅会威胁到他们的家庭关系，也会威胁到他作为他们的朋友和杰出社区成员的核心身份。

如果雷蒙德实践了"双重意识"，他很可能会更早地意识到这一点，而且有可能尽早解决这个问题，并说服戴夫和塞西莉一起推动公司转型。这就是实践"刻意冷静"的一个重要原因：它使我们能够听到来自外部环境和内心的声音，即我们没办法再维持现状了。当我们无视这些声音时，它们往往会变得越来越大，直到变成震耳欲聋的尖叫声。

当雷蒙德经历了这一"灵光乍现"的时刻，知道自己需要把公司放在个人关系之前时，他意识到自己回避问题和否认现实的防御性行为并没有帮到自己。为了拯救公司，他需要停止在防御状态下采取行动，并放下他的执念，即他无法采取行动来改变当前的状况。通过这次谈话，他进入了学习状态。

接下来的一周，雷蒙德与塞西莉和戴夫展开了艰难的对话。在对话中，雷蒙德既表达了对他们行动的失望，也表达了对他们观点的理解。他们觉得周围发生的变化是一种威胁，并从他们的防御状态出发做出反应。但是，现在回头改变这种状况已经太晚了。最终，戴夫离开了公司，塞西莉被调去公司的另一个岗位。

正如雷蒙德设想的那样，这确实对他们的友谊产生了负面影响，至少在一段时间内是这样的。具有讽刺意味的是，恰恰是雷蒙德最终危及甚至伤害了他决心保护的那些关系。这种情况经常发生在防御状态下。俗话说，"一个人害怕什么，就会创造什么"。

雷蒙德能够在没有戴夫和塞西莉的情况下继续推进工作，对雷蒙德来说是一种巨大的解脱。现在他终于意识到他的行为是如何导致这个问题的，他可以直面自己的感受，而不是强行压下它们，这让他如释重负。这场严酷的考验让雷蒙德精疲力竭，所以事后他做的第一件事就是去湖边过周末，没有戴夫和塞西莉，只有一家人的放松和享受，他开始为下一步的发展做准备。

周一雷蒙德回到工作岗位上，感觉恢复了活力。他意识到，当他不断地告诉自己没有选择的时候，他感到多么局促。现在他可以自由地掌控局面了。没有了来自戴夫和塞西莉的阻力，转型开始向前推进。当团队的其他成员看到雷蒙德履行了真正作为领导者的承诺、支持公司的新愿景时，他们也开始努力工作，他们的归属感也更强了。

"刻意冷静"不是一件"一劳永逸"的事情。它是一种终生练习，通过有意识地选择在适应区和熟悉区腾挪，我们就能有目的地领导我们所服务的组织和社会，实现我们的目标，并成为真实的自我。当我们实践"刻意冷静"时，我们会建立起识别和预测我们何时处于防御状态的能力，并在那个时刻有意识地选择进入有利于我们的状态。

我们继续与雷蒙德合作，帮助他练习感知和重构他的信念，以便他能够摆脱那些不再适合他的思维方式和行为。他开始关注自己，并开展日常实践，这使得他更多地意识到他的外部环境及挑战，以及驱动他行为的冰山的内在思想、信念和情绪。随着时间的推移，雷蒙德重新获得了团队的信任和支持，他们能够坦诚、合作、探索，一起学习新事物。最终，他成为主导转型的公司的领导者。从那时起，公司内部的变革顺利进行，这并不是巧合。

你在哪个区域？

不同的区域和状态可能看起来只是理论上的，所以，让我们来看看它们在你的生活中是如何发挥作用的。首先，花点儿时间思考一下你今天面临的三大挑战或机遇。在对你的一天进行反思之后，针对每一个挑战回答以下问题：

1. 这个挑战或机会是在熟悉区还是在适应区？这个挑战或机会中有哪些要素让你觉得是熟悉的或必须适应的？

2. 在这个挑战或机会中，你所面临的风险是高还是低？

3. 在面对这个挑战或机会时，你有多少时间是处于防御状态的？你认为是什么触发你进入这种状态的？

4. 在面对这个挑战或机会时，你有多少时间是处于学习状态的？你认为是什么触发你进入这种状态的？

这只是培养"双重意识"的开始，你要先保持觉察，知道自己处于什么区域，什么情况会触发你进入防御状态或学习状态。接下来，你将掌握在不同状态之间流畅切换的能力，这样你就能在不断变化的环境中自我调整和成长，激发你的潜力。

大脑与身体之间的联系

在刺激和反应之间，有一个空间。在那个空间，我们有力量选择自己的反应。而我们的反应展现了我们的成长和自由。

——维克多·弗兰克尔

瑞希玛是一家国际软件公司的通信主管。她对自己的工作非常自豪，事业对她来说极为重要。瑞希玛在一个大家庭中长大，她觉得自己要么被忽视，要么被淹没在人群中。她觉得自己能够脱颖而出的唯一方法就是取得优异的学习成绩，而现在，她的工作就成了她核心身份的重要组成部分。

瑞希玛入职才一年左右，到目前为止，她还没有和公司的首席执行官莫妮卡有过多少面对面的交流。这是她第一次向莫妮卡做工作汇报，介绍关于公司的新举措。瑞希玛从她的同事那里听说，莫妮卡在这种类型的会议上可能很强硬。如果觉得汇报还不错，莫妮卡就会问一些难题，这会给汇报人带来很强的压迫感。汇报人如果能应对挑战，就能真正获得认可。

瑞希玛听说，如果不喜欢汇报内容，莫妮卡就会闭口不谈。考虑到这一点，瑞希玛为这次会议做了充分的准备。她花了无数个小时，确保她的演讲无可挑剔，并针对莫妮卡可能提出的最具挑战性的问题做了准备。

在汇报当天，瑞希玛全力以赴，但在整个汇报过程中，莫妮卡似乎心不在焉，没听进去。她好像在忍耐着什么，好像有什么话想说，但她仍然选择了沉默。瑞希玛注意到她在看时间，并经常低头看手机。

这种情况一直在持续，瑞希玛感到胃在翻滚，她开始冒汗，心跳越来越快。但她试图撑下去，通过强调工作亮点来吸引莫妮卡。不过，她的发言如同石沉大海。莫妮卡一个问题都没问，似乎对这场汇报完全不感兴趣。

瑞希玛感到焦躁不安，甚至有点儿慌张。她拍打着自己的腿，扭动着自己的脖子，而她内心有一个声音不断冒出来："我没法引起她的兴趣，她一点儿都不在乎。这是我第一次真正有机会打动她，我却完全搞砸了。我还能有第二次机会吗？"几分钟后，当莫妮卡突然提前终止会议时，瑞希玛冲进洗手间，泪流满面。

因为花时间准备工作汇报，瑞希玛同时也攒下来一些假期。会议结束后，她请了一段时间的假，去了外地。不过，即使是在度假，她也很难放松下来。瑞希玛继续反思那场汇报，试图找出问题到底出在哪，以及为什么莫妮卡对她的汇报如此不感兴趣。她内心的声音告诉自己，她做得还不够好，莫妮卡很可能最终会让其他人替代她在这个项目中的位置，或者完全取消这项计划。瑞希玛想，如果她能继续留在这个项目上，之后在做汇报分享之前，她会投入更多的时间和精力。

回到工作岗位后不久，瑞希玛在公司食堂碰到了莫妮卡。与工作汇报那天不同的是，这次莫妮卡似乎很有兴趣。但是，仅仅是看到她，瑞希玛就感到紧张。她心跳加快，手心出汗，仿佛又回到了那间会议室，回到了那个拼命地想让走神的莫妮卡回过神来，令整个汇报一败涂地的自己。

"嗨，瑞希玛，"莫妮卡边说边走近她，"我想跟你谈谈你正在做的那个项目。"

呃，哦。瑞希玛愣住了，她的拳头紧握着放在身侧，脸上露出紧张的表情。自从那场灾难性的汇报之后，她就没再做过演讲，而且她知道莫妮卡对她的工作不满意。现在怎么办？瑞希玛想知道，当莫妮卡意识到自己没有对演示文稿或项目计划做出任何修改时，情况究竟会有多糟。

"哦，我很抱歉，"瑞希玛回答说，并极力避免与莫妮卡目光接触，还有点儿结巴，"我没有取得任何进展。我不认为……嗯，我认为……我想我只是需要更多时间。"

莫妮卡看起来很困惑，然后她似乎又开始走神了。瑞希玛在内心踢了自己一脚。"我又做错了一次，"她想，"我就是一直在把事情搞砸。"她认为，她唯一能挽回局面的方法是重新做一次汇报，甚至应该彻底改变她做项目的方式。莫妮卡显然对她之前汇报的内容不以为然。

瑞希玛请求莫妮卡再给她一个月的时间准备她的汇报。瑞希玛再次投身其中，修改了演示文稿和项目方法。但两周后，莫妮卡告诉她，她们要更换工作重点了，因为出现了新的优先事项。这个项目似乎比她们最初想象的要复杂得多，如果瑞希玛还需要花一个月的时间来准备工作汇报，那么这个项目一定偏离了正轨。

触发反应或错误的预判

关于人的大脑和身体如何对感知到的威胁做出反应，有两种主要的观点。这两种观点可以解释瑞希玛在会议室与莫妮卡发生的事情，以及后来她们在食堂见面再次发生的事情。当面临威胁时，我们会高度紧张，继而在被触发反应的过程中陷入防御状态。这种观点大多数人比较熟悉，相关主题的图书也多有提及。一旦发生了某些我们认为有威胁的事情，作为这种刺激的结果，我们就会经历一种压力反应。有一个很经典的例子，如果有一只狮子在追赶我们，为了应对生存危机，我们的大脑和身体会做好战斗、逃跑或愣住的准备。

当下的主流解释是，一旦位于大脑底部的杏仁核注意到逼近的潜在危险，它就会发出求救信号，启动这种压力反应。这激活了交感神经系统，导致多种应激性化学物质的释放，使身体集中全部资源用于生存。特别是肾上腺素会加速血液流动，使我们能快速做出反应。这就是为什么当面对压力时我们的心率会加快——它需要更快地泵血。此外，皮质醇使身体充斥着葡萄糖，这是一种能量来源，可以激活我们的大肌群并为其提供能量。

同时，这个过程抑制了副交感神经系统，而副交感神经系统在休息、放松的情况下对调节身体机能很重要。前额皮质是大脑的一个重要组成部分，与高级认知功能有关，如计划、记忆、情绪处理和认知灵活性。压力反应下产生的化学物质迫使我们放弃思考问题，并着手做一些事情，而且是立刻就做（战斗或逃跑），所以前额皮质会受到刺激。

我们的大脑和身体各处都有这些化学物质的神经肽受体，所以身体的不同部位能接收到有威胁的信号，并根据需要做出反应。很多应激性化学物质的受体存在于我们的胃里——也存在于我们的肠道里，所以当预感到可能有什么事情要发生时，我们真的会有一种"直觉"，甚至会因此感到恶心和呕吐。[2] 然而，我们也可能把因生病或吃坏东西而产生的恶心感误认为是一种直觉，认为有什么不对劲。

这种观点解释了瑞希玛对"老板不认可"这件事引发的威胁感的心理和生理反应。她在会议期间很焦躁，心跳加速，手心出汗，胃痛。而且她无法清晰地思考，无法坦然地问问莫妮卡到底发生了什么。在食堂里，她握紧了拳头，开始出汗，脑子里一片空白。这一切都是因为她的身体已经做好了"战斗"的准备，她的头脑中充斥着恐惧，以及那些往往能引发恐惧反应的化学物质，仅仅是一个外部刺激就触发了她的压力状态。

丹尼尔·戈尔曼在《情商》一书中，将这一过程称为"杏仁核劫持"。[3] 从表面上看，这是对我们在压力下转入防御状态的简单解释，但它并不完整，没有对大脑的神奇功能做出客观的评价。杏仁核不仅仅是一个恐惧中心。我们对大脑的了解越多，我们的洞察也就越深，大脑的整体作用要深刻得多，也微妙得多。

构建我们的情绪

基于多位专家的研究，特别是美国东北大学心理学教授丽莎·费德曼·巴瑞特的研究工作，最近有一种新的研究发现受到很多关注。[4] 这种观点解释说，我们并不只是因为外部的刺激而进入防御状态的。很明显，瑞希玛在那个会议室或食堂里，没有遇到狮子或任何其他客观威胁。然而，即便我们的生命没有遭遇实际的危险，我们也会感到压力很大。说压力反应是一个简单的触发和反应问题，这怎么可能呢？

这一观点揭示了一个复杂的现实：我们实际上构建了自己的情绪，包括恐惧。[5] 情绪不是作为对外部触发因素的反应而产生的。相反，它是我们的大脑对接下来会发生什么做预测的结果。主要来说，情绪的产生基于我们的预测，即我们是否已经或即将处于危险之中，危险是否可能马上来临，或者我们是否相信一切都会顺利进行，我们现在和将来都是安全的。当我们的大脑预测我们是安全的，并将在可预见的未来保持这种状态时，我们就很容易保持冷静，并进入学习状态。如果大脑预测我们正在或即将面临危险，甚至只是面对未知，我们就会转入防御状态。

让我们来看看这个预测过程是如何进行的。大脑的主要功能之一是保障我们的安全，它整天都在关注这件事。为了做到这一点，它一直保持警惕，通过我们的感官"扫描"我们身体内部和外部环境。与我们相关的内外部信息被整合进我们的脑岛，这是我们大脑的一个中枢。[6] 然后我们的大脑利用这些信息相应地调整我们的身体功能。

例如，如果这些"扫描仪"接收到的信号是我们是安全的并且我们即将进食，我们的大脑将反过来向我们的身体发出信号，产生唾液帮助我们消化食物。但是，如果它们发现了一个潜在的威胁，大脑就会开启另一个进程，根据需要做出反应，并尽快将我们带回安全的地方。当瑞希玛的汇报开始变糟糕时，她的"扫描仪"发现了一个威胁信号，她的大脑通过增加心率、激活肌肉，让她的身体准备好战斗或逃跑，同时通过聚焦潜在的危险来保证她的安全。

到目前为止，这与"杏仁核劫持"的观点没有什么不同。然而，为了节省时间和精力，快速有效地理解这个世界，我们的大脑主要根据我们过去的经验、我们当下的感受，以及我们所处的环境，对将要发生的事情做出这些预测。我们的大脑是我们身体中最"昂贵"的器官，消耗了我们所有能量的20%。[7]因此，我们的大脑只要抓住机会，就会走捷径，省能量。这就是为什么它喜欢依赖我们既定的行为模式。

由于这些既定的行为模式，当遇到与过去相似的经历时，我们能够在不浪费时间和精力的情况下对其做出解释。不管遇到什么事情，不管是好是坏，我们大脑中的数十亿个神经元都会在我们过去的经历中进行筛选，寻找类似的经历。然后，我们的大脑会依据我们上次遇到的类似的人物、地点、事件或状况，依据我们的精神、情感和身体上的感受来预测接下来的事。

当大脑接收到与过去的安全感相匹配的信息时，我们就能维持学习状态。当大脑收到与以前经历的威胁相匹配的信息时，我们就会进入防御状态。我们的大脑可能会把它解释为潜在的危险，并武装我们的身体。身体反应会被构造得极为精美，当我们处于危险之中渴望安全时，身体会做好准备并快速反应。

回想一下食堂里的瑞希玛。同样，那里没有狮子，莫妮卡只是在跟进她非常关心的项目。但瑞希玛的大脑将这一经历与她上次和莫妮卡的威胁性遭遇相匹配，并预测她有可能再次受到威胁。于是，她全身的感官都聚焦于如何生存，如何获得安全感，而不是用一个经过深思熟虑的回复来打动她的老板。

当我们的大脑过滤之前的经历时，如果我们面对新的或不确定的因素而没有找到相应的经历匹配，它就会对威胁保持警惕。这只是因为它之前从未遇到这样的事情，不确定我们在这种新情况下是否安全。这就解释了为什么我们在面对新的经历时经常倍感压力，即便大部分经历是积极的，比如担任一个新的角色或提出一个让我们感到兴奋的新项目。我们的大脑会一直保持警惕，直到发生以下三种情况之一：我们把新情况理解为安全的；我们能用过去的经验和知识解释这种情况；我们学到了新东西。然后，这些新的信息就会成为未来对同一事物进行预测的基准。

这个过程有一个重要的目的，就是让人类生存下去。当我们确实处于危险之中时，我们没有时间可以浪费在好奇心或创造力上。然而，由于我们的大脑是通过预测过程来工作的，它用"旧"的知识来应对新的情况，并不总能区分威胁是来自一只雄狮这样的真实威胁，还是来自面对一个失望的老板时感受到的威胁。当然，当我们面对真正的危险时，我们身体的快速反应是很有用的。但面对感受到的威胁时，我们保持开放的心智模式，冷静地尝试新方法，会有效得多。正是在这种情况下，我们最需要进入学习状态，利用大脑的高效运作。但由于大脑不确定我们是否安全，我们往往会陷入防御状态，做出本能的、出于恐惧的反应。

这就是不幸发生在瑞希玛身上的事情。更糟糕的是，这是完全可以避免的，因为在现实中，瑞希玛根本没有面临威胁。事实上，是瑞希玛的大脑预测她受到了威胁，这才导致她进入防御状态，造成了最终的结果。在这种情况下，真正的危险根本不存在。

这怎么可能呢？好吧，让我们从莫妮卡的角度看一下这件事。在第一次会议之前，莫妮卡对瑞希玛的演讲很兴奋，并且真的有兴趣了解她正在尝试的新倡议。但就在开会之前，莫妮卡接到了她女儿的电话，女儿的病情很危险。女儿觉得自己得了阑尾炎，可能需要紧急手术。

莫妮卡的女儿住在另一个城市。她决定先不急着赶飞机去陪她，反正她也无法在手术前及时赶到那里，她可以等消息。就在瑞希玛汇报开始时，莫妮卡收到了她女婿的短信，说女儿确实被推进了手术室，他一有消息就会跟她说。

当然，在接下来的会议中，莫妮卡心烦意乱。由于担心女儿的健康，她无法集中精力听瑞希玛说的任何事情，不断地查看手机让她的注意力更难以集中。如果她能集中注意力，莫妮卡会被瑞希玛分享的内容打动。但她沉浸在压倒性的情绪中，完全无法集中注意力。她几乎听不到瑞希玛说的任何话。

当瑞希玛休假时，莫妮卡的女儿已经从手术中恢复得很好了。莫妮卡事后意识到，她在瑞希玛演讲时没有集中注意力，但她仍然对这个项目非常感兴趣。她给自己留了个纸条，一旦瑞希玛回来，就马上去找她。

因此，当莫妮卡在食堂碰到瑞希玛时，她很兴奋。但她立即注意到瑞希玛的反应，并感到困惑。她不记得瑞希玛在会议上如此紧张，对自己和自己的工作如此没有信心，但莫妮卡也意识到，她那时并没有真正听。

瑞希玛的反应，以及她请求再花一个月的时间来完成演示文稿，大大削弱了莫妮卡对她的信心。想到也许整个计划存在她不知道的重大问题，莫妮卡决定忘记它，先忙其他事情。

意义制造机器

现在我们可以看到，在那间会议室里，并没有所谓的威胁。是瑞希玛的大脑在进行预测并试图从她周围的环境中创造意义的过程中，创造了受威胁的感觉。通过做预测，我们复杂的大脑基本上就是个制造意义的机器。这在人类丰富的讲故事历史中得到了印证。讲故事是我们作为人类的几件最伟大的事情之一。它是我们区别于其他动物的重要特征。我们给自己讲故事，或记录个体的故事，向自己解释世界的运作和我们的归属。问题是，大脑所编造的、我们认为确有其事的故事实际上是彻彻底底杜撰的。

我们从生活经历中创造了自己的叙事，故事可以为我们的生活增添色彩，因为我们在潜意识里会不断寻找证据证明它们的真实性，它们为我们不断做预测的过程提供了依据。想象一下，一个孩子被告知他是在婴儿时期被收养的，他可能会认为他的生母不想要他；进一步，他可能会认为他大概是不被需要的；再进一步，他可能会认为是因为他不够好所以才不被需要。而这个故事很容易变成一个根深蒂固的信念，凝结成他的冰山。现在，作为一个成年男人，当把一件事的原因归结为是他不受欢迎或不够好时，他可能会感受到威胁。像他没有被邀请参加会议这样简单的事情，可能也会唤起他不被需要的叙事逻辑，导致他转向防御状态。

我们的大脑也通过预测来解释其他人的情绪。有时，我们认为自己在探测别人的情感，实际上那是大脑在根据我们对对方的面部表情做出猜测。但是面部表情没有内在的意义。面部表情的意义可以随情境的改变而变化。我们的意义制造机器会根据情境和过去的经验，将故事附加到对方的表情上。

当瑞希玛观察到莫妮卡看起来很无聊、不感兴趣的时候，上述情况就发生了。实际上莫妮卡在担忧她的女儿。但瑞希玛的大脑正忙着工作，在过去的经历中寻找类似的表情。当它找到之后，大脑立即给它附加了一个含义——厌烦。然后瑞希玛的大脑围绕这种情绪创造了一个故事，告诉自己莫妮卡对她感到厌烦，因为她的工作表现不够好。

由于她的家庭背景，瑞希玛在潜意识里加强了这个故事——她在一生的成长中很容易被忽视或无视。这正是莫妮卡的反应对瑞希玛构成深刻威胁的原因。她的工作是她认为能帮助自己脱颖而出的最重要的一件事，而现在，这也被无视了。瑞希玛下意识地把这解释为对她本身的威胁。

在瑞希玛的潜意识里，从生存的角度看，这与真实的威胁没有什么不同，因此大脑做出了相应的反应。但我们作为局外人可以观察到，这种威胁实际上并不存在。正如我们所知，莫妮卡并不是不喜欢瑞希玛的工作，她只是无法集中注意力。瑞希玛正处于一个高风险的熟悉区。工作汇报的过程和结果很重要，她也有成功所需的工具。然而，她的内部触发机制使她无法在巅峰状态表现自己，而是令她转向防御状态。

即使是关于我们自己的故事，我们的大脑和身体的联系也是错综复杂的。在一个实验中，研究人员将酒店客房服务员分成两组。其中一组服务员被告知他们的工作是一种很好的锻炼方式，符合健康生活方式的要求。另一组服务员没有任何关于他们的工作、运动或生活方式的信息。研究人员测量了两组人的体重、血压、体脂和腰臀比，嘱咐他们不要做任何生活方式的改变，并在四周后再次测量上述指标。被告知工作内容是一种很好的锻炼的那一组，各项指标明显比另一组健康。他们只是认为自己得到了更多的锻炼。[8]

根据史蒂芬·博格斯的多层迷走神经理论[9]，有一条叫作迷走神经的中枢神经穿过我们的脑干直到我们的肠道，它还有许多分支。这条神经调节我们体内的压力，让我们能对我们体内和体外发生的事情做出反应。腹侧迷走神经通路是迷走神经的众多分支之一，它影响着我们的社交能力。这条神经在人类还在母亲的子宫里的时候就开始发育了。它与面部和中耳的肌肉相连，当我们觉得安全时，它会被迅速激活触发，引导身体参与社交。神经感知是我们感知环境中存在的危险的过程。迷走神经在安全或危险中有积极的调节作用。

危险感会激活背侧迷走神经通路。这时我们会停止思考，变得麻木，并与他人断开联系。重要的是，这些信息不是客观的。它们基于我们的本能和有意识或无意识的解释，基于我们对发生在我们内心和外部事件附加的意义。它们还基于我们的个人叙事和过去的经验。

回想一下瑞希玛的胃痛。当瑞希玛感到她的胃开始疼痛时，她给自己讲了一个故事，是她的压力太大，大到已经让她恶心了。在这种情况下，压力不仅加剧了她的恶心感，而且导致她把这种恶心的感觉解释为完全由压力引发。这反过来又导致她感觉压力更大。当然，瑞希玛告诉自己的故事可能是真的，也可能不是。有没有可能她只是得了胃病。

我们的解释既影响我们的意识，也被我们的意识影响。当我们像瑞希玛一样处于防御状态时，我们的意识完全沉浸在这个体验中。但是，当我们能够将部分注意力保持在外部观察者的模式中时，我们就会获得对现实情况更客观的认识，我们是如何解释现实情况的，现实情况就会相应地影响我们的内心，反之亦然。

在现实中，瑞希玛不知道她的胃为什么会痛，但她的大脑将它收到的信号解释为她处在压力之中。当后来在食堂碰到莫妮卡时，她又感到胃痛，因为她的大脑识别预测了类似的威胁。当然，大脑给出的关于她与莫妮卡的见面会很糟糕的预测，变成了一个自我实现的预言。

事实上，我们的个人叙事很多都会成为自我实现的预言。看看瑞希玛告诉自己的关于莫妮卡对她的工作不感兴趣和失望的故事吧。虽然最初的情况根本不是这样，但由于瑞希玛在防御状态下对这种情况的回应，它变成了事实。她继续寻找证据来证明她所认为的莫妮卡心不在焉的故事是真的，让自己一直处于防御状态。

如果瑞希玛练习了"双重意识"，她就能在汇报时通过天花板上的天窗往下看看自己。她可能就会注意到莫妮卡看起来是多么不耐烦，注意到她自己是多么紧张和急切地想和莫妮卡交流。她可能就会意识到是她在告诉自己莫妮卡分神的原因，这可能会使她觉察到新的可能性。

如果瑞希玛在第一次会议后告诉自己，可能有 5 种原因使莫妮卡看起来如此不感兴趣。我对这些原因先不做任何假设，只是暂时放一放，结果可能就会完全不同。当她后来在食堂遇到莫妮卡时，她很可能不会那么紧张，也不会表现得那么尴尬，更不会对自己的工作防御性那么强。也许她能够平静地问莫妮卡上次开会时发生了什么。莫妮卡的大脑也在根据瑞希玛在食堂的反应编故事。如果瑞希玛能够做出不同的反应，莫妮卡可能不会告诉自己项目已经偏离了方向。

学习和多巴胺

另一种在我们的学习和适应能力中起重要作用的化学物质是神经递质多巴胺。但多巴胺的作用不是激活应激反应，它和快乐的感觉和兴奋感有关。它是大脑奖赏系统的关键部分。当积极的事情发生时，多巴胺被释放，我们会感觉很好，有动力继续前进。

根据我们对大脑预测过程的认识，我们可以利用多巴胺来帮助我们进入学习状态。我们现在意识到，就我们的大脑而言，没有什么客观的"好事"可以发生在我们身上并刺激多巴胺分泌。任何事情都有好有坏，这取决于我们如何看待它，我们可以根据自己的解释来创造积极的时刻。

我们可以利用"刻意冷静"的技巧，比如面对围绕我们的任何挑战，刻意采用感恩的心态，来提高多巴胺水平，这也会增加我们继续学习所需的能量。假如我们正在进行一个长期项目，每达到一个里程碑就庆祝一下也能提高多巴胺的水平，为我们继续前进提供所需的动力。真正享受和拥抱挑战，并将其视为学习的机会，也会促进多巴胺的分泌，并提升我们在下次遇到类似情况时大脑做出预测的水平。

然而，当不断追逐兴奋和成就而没有足够的复原时间时，我们会因为多巴胺水平失衡而消耗自己的能量。在经历了巨大的成就感和随之而来的兴奋感之后，我们往往会陷入低潮。这是多巴胺重新平衡的结果，也是我们需要时间复原的迹象。如果我们一味地追求兴奋感，反而会有危险的成瘾性。[10]

改变叙事方式

瑞希玛的故事结局是不幸的，但在故事展开的过程中，如果她对大脑和身体的运作方式有所了解，我们就会发现她在许多时刻可以进行干预，使自己转入学习而不是防御状态。

我们可以通过改变我们的个人叙事和打开心智来接受新的解释，实现从防御到学习的转变。这能帮助我们不把事情都解释成"威胁"。当融化自己的冰山，升级我们的心智和它所驱动的思想和感觉时，我们可以做出更好的预测。我们的经历、个人叙事和情绪都不能再控制我们，我们获得了改变它们的力量。

发展我们的"双重意识"也是关键。在神经科学中，广义的外感是指我们对源自身体外部的刺激的敏感性，而内感是指我们对源自身体内部的刺激的敏感性。[11, 12]"双重意识"的核心是外感和内感的整合。我们越是练习观察自己的思想和身体正在发生什么，以及与周围的环境有什么关系，我们就越能客观地了解自己的反应及其原因。这也使得我们能从这些想法和感觉中抽离出来，单纯地接受它们，或者达到更好的效果，重新建构它们。

大多数时候，我们甚至没有意识到个人叙事的方式和无意识做出的预测。然而，它们却在不断地塑造我们的思想、感觉、情绪，以及我们如何体验自己的生活。"刻意冷静"的一大重点是，意识到我们的个人叙事，并让自己进入一种可以为自己提供替代选择的状态。

通过"刻意冷静"，瑞希玛可以在会议前为自己想要达成的表现设定一个目标。在会议期间，当发现自己转入防御状态时，她可以暂停并重构自己的叙事。例如，她可以告诉自己，"我很紧张，但我也很兴奋，因为这次会议对我很重要"，而不是去想"我很紧张，因为这是一场灾难"。这一简单的转变可能会令后续所有结果发生变化，因为通过将压力置于积极的环境中，可以减少威胁感。当我们能够挖掘意义并将其与我们所面临的挑战联系起来时，同样的事情也会发生。

即便瑞希玛"觉得自己可能是安全的"，这一叙事也会打开学习的空间，因为这将使她变得好奇，而不是只执着于一种结果。这本身就会使她的神经系统平静下来，足以让她在压力下也能表现良好。

想象一下，如果瑞希玛意识到她的内心叙事，情况会有什么不同？她可能会想："我在告诉自己一个和眼前的情况有关的故事，但它有可能是错的。我没有证据可以百分之百证明莫妮卡不喜欢我的汇报。我只是在做假设。"

有了这种意识，她可能会选择暂停一下，深吸一口气，刻意采取充满好奇感和安全感的心智模式。然后她可能会想："好吧，我很好，但我仍然想知道眼下发生了什么。"这样她就可能恢复冷静，用适当的开放性和好奇心去探索内心的各种选择。然后果断采取行动。

"莫妮卡，"她可能会说，"你现在看起来有些心不在焉，我以为那是因为你不喜欢我的汇报，我觉得非常紧张。但也许有别的原因。我想我应该问问，你还好吗？会议是否应该改期？或者我哪里需要提升，能让你觉得项目更有吸引力或更实用？"

我们永远无法确定莫妮卡怎么想或怎么回答，但她很可能会向瑞希玛承认她因个人原因而分心，并建议重新安排会议时间。改期后，瑞希玛的大脑可能不会再把会议预测为威胁，因为她的安全感会成为下次会议的新起点。她也应该反思会后发生的事，如果能洞察问题所在，她本可以避免后来在食堂见到莫妮卡时出现的恶性循环。

虽然我们的大脑有时可能会对我们不利，告诉我们一些虚构的故事，但它也有惊人的学习力和成长性。当神经元之间产生新的联系时，学习就发生了。如果我们不停地对自己重复，那么这些关于我们的价值、我们的身份和我们周围世界的个人叙事就会像唱片一样刻在大脑中循环播放，而新的故事、新的解释和新的视角也可以这样重复，在大脑中刻下无限可能的替代选项。这将打开一个全新的世界，在那里我们不再受限于单一的曲调。

在这种更开放的状态下，我们是兴奋和积极的，但仍可能感受到压力。如果这两件事听起来相互排斥，想想你小时候学习骑自行车时的心理状态。父母的手牢牢地抓住你，使你不会摔倒。即使父母放手了，起初你也没有意识到，所以你能够安全地骑下去。这时的你仍面对着一些压力。骑自行车是件新鲜事，有点儿吓人，但你知道你最终是安全的，正是这样，你才能够学习，挖掘这种压力的积极面，甚至觉得骑车是好玩的。

在学习状态下，神经系统和腹侧迷走神经通路都很活跃，而腹侧迷走神经通路为社交做好了准备。在这种状态下，我们可以与他人联系，我们可以接受多种结果和选择，可以实验，可以学习，即使在压力下我们也可以保持参与。在这种状态下，我们可以更好地控制我们的表现，就像家长一样，一只手牢牢地抓住自行车，让我们安全和自由地飞驰。

你的故事是什么？

"刻意冷静"重要但困难的部分是能意识到你正在对自己讲故事。当然，它们看起来并不像故事，它们似乎是事实。但通过为自己提供替代方案，你会看到真相并不总是那么黑白分明。

下次当你感到有压力、焦虑、沮丧、愤怒或激动时，请暂停一下并深呼吸，然后问自己下面几个问题。

1. 关于现在发生的事情，我在告诉自己一个什么故事？
2. 关于过去发生的事情对现在事情的影响，我在告诉自己一个什么故事？
3. 关于当下事情的结果对未来事情的影响，我在告诉自己一个什么故事？

现在，花点儿时间探索另一个故事。它不一定要与你之前告诉自己的故事相反，但它必须是不同的。开始时想一想"也许不是这样，实际发生的事情是……"，可能会有帮助。你也可以花点儿时间把这个新故事写下来。不管想到了什么，都没关系。不要评判自己。

在你觉得自己要进入防御状态时重复这句话，你的个人叙事对你的影响就会越来越小，你就能抱着好奇心对新情况做出反应，而不是出于恐惧做出反应。

THE DELIBERATE CALM WAY

第二部分

刻意冷静的方法

第四章

意识之下的驱动力

我们不能用制造问题时的同一水平思维来解决问题。

——阿尔伯特·爱因斯坦

　　一家全球能源公司的高管团队在一个偏远的地方对他们的前50名员工进行了为期两天的评估。委员会逐一审查了这50名最资深的员工，评估他们的表现和领导行为，目的是相互校准，并作为职业发展和继任决策的参考。

　　在第一天接近尾声的时候，4位高管中的两位已经讨论过他们自己的团队成员，并从同事那里得到了意见和反馈。现在轮到玛丽了。玛丽是这家公司欧洲大区的负责人，工作已近10年。当团队开始讨论"她的"员工时，气氛发生了变化。这两天公开对话的重点是客观地展示前50名员工的优势和发展需求，但气氛突然变得有点儿紧张了。

　　玛丽一个接一个地介绍她的员工。"德鲁已经在公司工作了两年，"她说道，"他是我团队中的明星员工之一。每个人都喜欢他，而且我认为他有真正的领导潜力。我们绝对应该考虑明年给他升职。"

　　"德鲁上个季度为我做了一个项目，"和玛丽同在高管团队的同事托尼说，"他好几次都没赶上截止日期，解决问题也拖拖拉拉。我认为他需要努力提高自己的交付能力，并更好地履行他可以兑现的承诺。"

　　"我不太担心这个，"玛丽迅速回答，"我看到他在其他项目中做得非常好。你的观察如此反常，一定是别的事情发生了。"托尼显然很恼火，摇了摇头，看着窗外。房间里的其他人都很安静。玛丽干脆转向下一个员工继续讨论。

　　类似的场景一再上演。玛丽对她团队中的多数人和他们的表现都说得非常正面，似乎不愿意接受任何反对意见。当她的同事提出意见，并试图将他们的表现与其他候选人的表现相比较时，她就会开始辩护，不理会同事的观察和意见，坚持认为她的员工应该属于第一梯队。在玛丽看来，与前 50 名员工中的其他人相比，她的员工大约有 2/3 都属于"表现出色"那一级。

　　这种情况继续发展，会议气氛变得越来越紧张，其他同事对玛丽如此公开地推崇自己员工的做法明显感到沮丧。她并没有真正听取其他人的意见，显然，他们无法对她的员工的表现进行客观的、基于事实的讨论。这让大家在本已漫长的一天的最后两个小时里显得相当疲惫。

玛丽的行为并不反常。当她团队中的人出现在会议上或与高管团队分享他们的工作时，她经常跳出来为他们辩护。她团队中的一些人喜欢这样，因为他们感受到了她的支持。但是，这会让公司高管团队中的其他成员有挫败感，他们会急于站出来亲自处理问题。

那天晚上喝酒的时候，高管团队成员之间的紧张气氛稍微缓和了一些，因为玛丽的一些同事稍微打趣了一下她的行为。她的同事金说："你必须告诉我们，你是如何把我们的前50名员工中表现最出色的人全招到你的部门的？你的秘密是什么？"玛丽看着金，显得有些疑惑。金很快继续说："我真心佩服你，你真的在为你的人战斗。如果我像你那样为他们争取，我的团队也会喜欢的。更不用说我的孩子了！"

金可能知道也可能不知道，其实玛丽对她十几岁的女儿丹耶也有类似的保护行为。例如，丹耶是她同龄人中唯一一个参加派对时还要母亲接送确保她安全的人。玛丽的丈夫戴夫在抚养女儿方面要轻松得多，他们之间的这种差异经常成为玛丽和戴夫关系紧张的根源，有时也会影响到丹耶。

不管玛丽是作为公司高管还是母亲，她的行为似乎对她的同事、她的团队成员和她的家人产生了意想不到的后果。她似乎处于一种防御状态，尽管她位于熟悉区，但她的防御行为扼杀了健康的对话、辩论和合作。不过，如果她处在一个安全和舒适的环境中，是什么触发了玛丽的威胁感并转入防御状态的？在这种情况下，玛丽的触发机制是内在的，根植于她在水面下冰山的深层部分。

然而，玛丽没有练习过"双重意识"，所以她没有意识到自己处于什么区域，这种情况需要做什么，是什么触发了她的防御行为，以及她目前的行为在这种环境中是否对她最有利。她内心冰山的构成对她自己和她周围的人都是未知的。但这一点即将改变。

冰山的不同层次

正如你前面读到的，为了方便理解，我们把冰山看作由四个相互作用的层次组成的结构。冰山的不同层次为我们自我强化的个人叙事提供了原料，在潜意识里帮助我们理解世界，指导我们的行为，并使我们的需求得到满足。有了"双重意识"，我们可以意识到冰山全部四个层次，以及它们之间如何相互强化以形成意识，转变我们的行为模式，并派生更好的结果。

思想和情感

　　一位名叫托马斯的教练作为外援参加了高管团队的会议。第二天早上，在会议前的早餐时他与玛丽坐下来，复盘他前一天观察到的情况。首先，他问玛丽，根据她的评估，团队内 80% 的人似乎都属于表现出色的级别，她对此有何看法。她进行了反思，在安静的餐厅里，她不得不承认，她的团队中确实不太可能有那么多表现出色的成员。

　　在向玛丽解释了冰山模型后，托马斯问她是否愿意和他一起潜入水面之下，看看她的冰山底层有什么在驱动她的行为。她对个人成长和发展非常感兴趣，所以马上就同意了。

　　托马斯和玛丽已经明确了玛丽想要摆脱的行为——在不听取反馈和批评的情况下推荐和维护她的团队成员。玛丽分享说，这不是她第一次收到这样的反馈，但到目前为止她还没能改变。接下来，托马斯让她考虑一下，她想转而采取什么行为。在与高管团队的跨组业绩评估会上，她希望以何种方式出现？

　　经过一番讨论，玛丽说，她想成为团队一员，并对组织中的前 50 名员工进行公平的评估。这意味着她要听取同事的意见，为所有人提供各个维度的数据，以便同事们能够客观地比较这些人。

　　这就是玛丽想要塑造的行为。托马斯很清楚，她没有做出这样的示范，至少在他观察到的会议上没有。托马斯问她在会议中的行为是否符合她的目标，玛丽很快意识到不符合："我跳出来为我的员工辩护，发现自己在不断地反驳我同事的观点。"

接下来，托马斯问玛丽，当托尼对德鲁提出反馈意见时，她有什么感觉。她马上说："我感到很沮丧，还有一点儿生气。"然后他问她当时在想什么。"德鲁是个好人，他受到了不公平的攻击，我不会让这种情况发生。为什么托尼不把注意力放在他自己部门的人的身上？他的团队那么乱，现在却对我们的工作指指点点？"

这类想法通常被称为我们的"自我对话"，就像我们脑海中不断循环播放的磁带。我们在不知不觉中经常重复同样的想法，以至这些想法在很大程度上决定了我们所认知的现实。我们每天脑子里有成千上万的想法，其中许多都是重复的。

我们的想法和感受是高度个人化的。在相同的情况下，两个人不太可能有完全相同的想法或感受。对我们来说，它们不仅感觉合理，而且显而易见。在很大程度上，那是因为我们的思想和感觉是相互支持和强化的。

例如，玛丽没有理由质疑她对托尼批评德鲁的负面想法，因为她沮丧和愤怒的感觉支持了这些想法。在她心里，她当然在想托尼做错了什么——毕竟，她感到愤怒和沮丧是有原因的。同时，她内心消极的自我对话为她沮丧和愤怒的感觉提供了依据。

她当然感到愤怒和沮丧——只要想想托尼做错的所有事情就知道了。

由于这种自我强化的循环，当托尼提出对德鲁的看法时，玛丽从未想过可能会有其他不同的感觉、思考或反应。如果她有理由感到愤怒和沮丧，而且她的团队成员受到了不公平的攻击，那么她当然会做出防御性的反应。她的感觉和内心的自我对话驱使她做出捍卫自己团队成员的行为。

心理学家苏珊·戴维关于情绪敏捷性的研究表明，深化我们的情绪感知，超越愤怒、快乐或悲伤等肤浅的"伞状"感受，更多地了解隐藏在具体情绪之下的微妙差别，这往往是很有帮助的。[1]例如，如果有人正在经历焦虑，我们体验到的更深层次的情绪可能是困惑、担心、害怕、脆弱或谨慎，或者是这些情绪的某种组合。掌握"双重意识"往往意味着更深地潜入我们的情绪体验。

至于玛丽，她在那一刻可能有各种感觉和想法。例如，她可能感到好奇并想："多么好的机会啊。托尼在这个领域真的很有经验，也许他能给我一些有用的反馈。"或者她可能会感到失望，心想："德鲁那次真的做得很不好。他能在这次评估中学到什么？"

鉴于当时的情形，这两种情况都可能是合理的。但为什么玛丽反而经历了她当时的感觉和想法？我们的感觉和想法并不客观，但也不是随机的，它们来自冰山模型的下一层。

心智模式和信念

既然玛丽已经意识到她的实际行为和期望行为，以及支持这些行为的想法和感受，托马斯必须深入她的冰山深处，帮助她探索她关于领导者和保护者的心智模式和信念。他可以看出，玛丽是在一种潜在的限制性心智模式下行动的，这种心智模式导致了她的感受、想法和行为，并在此基础上产生了意想不到的后果。她如此专注于保护她的团队成员，以至她无法倾听，也无法与她的同事一起客观地评估她的团队成员和其他人的表现。她失去了充分探索托尼可能关注到的具体问题，以及如何与德鲁一起来解决这些问题的机会。而这将使德鲁有更大的概率获得晋升。因此，事实上，在专注于提升和维护自己团队的同时，玛丽不知不觉地妨碍了他们的进步。

托马斯问玛丽对领导力的看法，因为这些信念导致了她在高管团队会议上的表现。这需要更多的时间来思考，这是当然的。冰山的第三层，即我们默认的心智模式和我们对世界如何运作的无意识的信念，需要更深入的探究才能显现出来，即便对我们几位作者来说也是如此。这些心智模式是我们用来看待自己和周围世界的透镜。它们是我们个人叙事的核心构件，由潜在的假设和个人的逻辑组成，为我们看待和体验事物的方式着色。

我们一生都在发展我们的心智模式。我们的童年留下了很大的印记，再加上我们成长的文化和生活经历，这些因素结合在一起，形成了我们固有的信念，即我们的需求如何能够得到满足并避免受到伤害。这些信念不仅包括当前的现实及其影响，还包括过去发生的事情和原因，预测未来可能发生的事情，以及我们的角色和责任是什么。当我们遇到某个情况时，我们的心智模式会帮助我们迅速解释它，作用于我们的思考和感受，并最终推动我们的行为。

我们不能夸大心智模式对我们的行为和生活的不同场景产生的影响。考虑一下：人类每秒钟可以从环境中接收超过1 100万比特的信息，但我们的大脑每秒钟只能处理大约50比特的信息。[2]这只是我们有可能获得的信息的百分之一中的极小一部分。而我们有意识地记录、理解和记忆的信息远远少于这个数字。

是什么决定了我们处理哪些信息，而忽略哪些信息？哪些信息是我们关注、解释和记忆的，而哪些信息是我们几乎没有注意到的？是我们深思熟虑地处理信息，还是我们采取下意识的心理捷径，让我们产生了偏见？事实证明，位于冰山第三层的基本心智模式在决定我们首先注意哪些信息以及我们如何解释这些信息方面发挥了巨大作用。换句话说，我们的心智模式是我们看待世界的透镜，它形成了一个过滤器，允许某些经验和数据进入，而把其他的排除在外。

我们的心智模式对帮助我们在复杂的世界中简化和缩短决策路径至关重要。在生活中，如果我们试图理解每一秒钟扑向我们的 1100 万比特的信息，那么我们不会走得太远。但是，由于这些信息提供了一个不完整且主观的现实，很容易导致我们的思考有盲点。这些是我们实际上无法看到的关于我们自己、他人和现实的事情，因为我们的心智模式将它们过滤掉了。带着盲点工作，无法看到全貌，往往会导致意想不到的后果。

这就是发生在玛丽身上的事情。心智模式带来的盲点导致她不能更开放地面对反馈意见，不能更柔和地采取保护行为。为了探索造成这一盲点的心智模式，托马斯以关于德鲁的讨论为例，要求玛丽反思她是如何看待自己作为领导者与员工的关系的。玛丽思考了一会儿。他们进入了一些她没有完全意识到的潜在心智模式。最后她说："我想，当我照顾我的团队并保护他们时，我会认为自己是一个好领导。在我看来，对他们好意味着，他们如果做好自己的工作，就会得到照顾，而我作为他们的领导，有责任以各种方式为他们争取利益。"

由于这种观点，玛丽看她的团队时，会着眼于如何照顾他们，她把自己看成一个负责确保他们不受伤害的人。很明显，在这种情况下，虽然她认为团队成员的发展很重要，但她习惯性地把保护他们放在首位。

"所以，"托马斯澄清说，"你是他们的首领，你的主要工作是保证队伍的安全。"这是一个有趣的解释。成为确保自己人成功而不失败的首领，听起来玛丽似乎要对德鲁和其他人是否成功负责。她还将成功的领导定义为帮助自己人免受伤害。

现在她的行为就讲得通了，而之前则有些令人费解。任何有这种心智模式的领导者，都会做出玛丽在会议上对德鲁的工作受到高管团队成员质疑时的行为。试想一下，如果我们的整个冰山都是可见的，不仅对我们自己，而且对我们周围的人，我们的生活会有多大的不同。

当然，我们并不是唯一在我们隐藏冰山的限制下来看待现实的人。每个人都是，每个人都被各自的经验、文化、需求和恐惧塑造着。而我们中的许多人都生活在这样的幻觉中：在任何事上，我们看待世界的方式都是正确的，而且是客观真实的。当我们处于防御状态时，我们就不能打开心智去改变和学习。当我们在这种状态下与他人互动，遇到误解和冲突时，我们不应该感到惊讶。这往往是两座不同的冰山相互碰撞的结果，或者是两种对立世界观的碰撞。这一切都在无形中发生，任何一方都无法看到另一方的冰山。

在这种情况下，如果我们的水平面在防御性的反应中被冻结，那么我们会固化自己的立场，并以强化我们现有观点和信念的方式做出反应。在这种状态下，交流或成长几乎不可能发生。

然而，在这些时刻，如果我们能够接受并承认我们观点的有限性，从别人的经验中学习，并尝试通过他们的视角看问题，我们就能扩大对世界的认知，解决远比仅靠我们自己所能解决的更复杂的问题。

玛丽的心智模式没有好坏之分，在许多情况下，作为一个领导者，这种心智模式对她很有帮助。人们愿意为她工作，她也有良好的声誉。但在这个例子中，这种心智模式使她疏远了高管团队，并使她无法对员工的表现、发展和成长机会有一个实事求是的认识。

托马斯让玛丽试着想一想，在这样的情况下，她可以采用另一种心智模式，这将有助于她以她想要的方式行事：倾听同事的意见，融入团队，以实现对组织中前 50 名员工的客观评估。"为了以这种方式行事，你需要相信什么？"

虽然花了一些时间，但经过大量的思考，玛丽终于说："要成为一个有效的领导者，我需要确保我的员工对他们的表现有一个客观的看法，直面成长的挑战，并从他们的错误中学习。"的确，如果从这种心智模式出发，玛丽当下的感觉、思考和行动就会非常不同。她告诉托马斯，她会对自己的员工如何处理他们的挑战感到好奇，并相信他们能够处理好，同时在需要时随时准备提供指导。她重构的自我对话将是："这是轮到他们发光的时刻。我想知道他们会怎么做。如果他们陷入挣扎或没有成功，这将是他们学习和成长的一个好机会。"而这些感觉和想法驱动的行为将是听取同事的反馈，尽可能客观地评估她团队成员的表现，并且在不过度指导或微观管理的情况下，为他们提供挑战，让他们学习和成长。

通过表现出这些行为，玛丽将向她的员工传递出这样的信息：她相信他们有能力应对工作中的挑战，并且在需要时她仍会全力支持。玛丽将更像一名成长型领导者，而这对她的团队会产生巨大的影响。

无论是否意识到，我们都是在默认的心智模式下行动的，这些心智模式过滤并着色了我们所经历的一切。我们时常会听到"历史会重演"这样的话，现在我们可以理解这是为什么了。像玛丽一样，我们默认的心智模式不一定是好的或坏的，但当它完全存在于我们的意识之外时，在某些情况下，它们可能会妨碍我们做出最合适的选择。

在熟悉区，过去对我们很有效的心智模式通常会帮助我们应对已知的挑战——当然，除非我们像玛丽一样，被我们冰山内的因素触发。在适应区，我们默认的心智模式往往不能有效地解决手头的挑战，反而成为进步的一大障碍。一开始，我们必须学会管理我们的冰山，使我们在熟悉区时不处于防御状态。然后，我们可以在适应区做更有难度的工作，并真正发生转变。

我们所有人都可以而且经常在一天中多次进入防御状态。这是不可避免的，这样的反应本质上也没有错。即使在一个安全和熟悉的环境中，有时感到威胁也是正常和自然的。然而，问题是我们在这种状态下无法适应或学习，当我们用默认的行为做出反应，而不是在当前环境下选择最合适的反应时，我们就放弃了自己的控制地位。相反，如果有机会意识到我们进入防御状态的时刻，以及为什么会这样做，我们就能够做出选择，摆脱防御状态。

这就是"双重意识"的作用。有了"双重意识"，玛丽可以认识到她在会议上的愤怒和挫败感是一种迹象，表明她可能处于防御状态，这时她放开思想和开启真正合作的能力有限。她也会认识到她在那次特定谈话中的基本心智模式和信念。然后，她就可以选择采用不同的心智模式以及与之相适应的思想、情感和行为。换句话说，她可以换掉她看世界的透镜，接受不同的观点。当我们这样做时，不舒服的感觉可以成为我们进入学习状态的路径之一。

当有时间深入研究时，我们可以获得一个新的心智模式或者认知世界的透镜，并由此获得更多关于如何看待世界和创造性地应对不同生活和领导力挑战的选择。这些新的透镜都有各自的过滤方式，会带来一系列全新的体验、信息筛选，以及对正在发生的事情和我们在任一特定情况下可能扮演的角色的解释。

有了这些不同的心智模式，我们就能在对现实的感知中增加以前看不见的细节和复杂性。以前看不见的可能性和结果也会自己显现出来。而且我们可以看到以前不知道的盲点。随着时间的推移，当练习用新的心智模式来驱动行为时，我们可以重新调整我们的神经连接，使我们新的心智模式和信念嵌入我们更灵活、更变通的冰山模型。而且，我们可以越来越多地意识到，在不同的特定时刻，潜伏在行为表面之下的驱动力是什么。

防御心态与学习心态

虽然我们可以有无数种心智模式，但有一些特定的心智模式，要么让我们保持现状，要么让我们的思维和行为模式向学习和创新开放。当我们处于熟悉区时，固化思维可能很有用，但在适应区时，它们往往不能为我们服务。当情况需要时，我们是有可能从固化思维转变为成长思维的。

当你了解这些不同的心智模式时，想一想你最近面临的挑战。当时你自然而然地倾向于哪一种或哪几种心智模式？一旦确定了默认心智模式，你就可以问自己一些问题，打开你的心智透镜，用新的方式看待问题。

固定与成长

关于固定思维与成长思维，已经有很多文章讨论过了。当我们的行为被固定思维驱动时，我们相信自己的技能和智力是不可改变的。这意味着，如果我们现在不能或不擅长做某些事情，以后也将永远如此。然而，当我们的行为被成长思维驱动时，我们相信自己可以随着时间的推移不断开发我们的智力并获得新的技能。

如果发现自己有固定思维，你可以问自己：

1. 这个挑战如何能变成一个机会？

2. 我有没有可能从这次经历中学习和成长？

专家与好奇

在专家心态下，我们认为自己已经掌握了应对当前挑战所需的所有信息和技能。这是一种固化的心智模式，当我们处于熟悉区时，这种心智模式可以很好地帮助我们。如果有了好奇心，我们就愿意提出问题，去探索和发现。我们渴望在学习状态下通过尝试新事物来学习。

如果发现自己是在以专家心态做事，但学习心态会更有利于你时，你可以问自己：

1. 我想探索哪些问题、新观点或机会？

2. 如果用全新的眼光看待这个问题，暂时忘掉我已经知道的东西，我会对什么感到好奇？

3. 如果我能够接受学习新事物时的挣扎不安，什么新可能会出现？

被动与创造

当以被动心态做事时，我们会以现有的、经过测试的、实践过的方法处理问题。对于某些熟悉的情况，这可能是一种合适的心智模式。然而，有了创造心态，我们就会有目的地实施领导，使自己和他人有能力去探索新的可能，并通过实验获得创新的解决方案。

如果发现自己在适应区用被动心态做事，你可以问自己：

1. 我正在解决的更大的"问题"是什么？

2. 如果这个挑战实际上是一个潜在的机会，可以创造一些不同的、更好的东西，我想要什么？我可以想象的重要且有意义的事是什么？

3. 为了达到我所期望的最终状态，我能迈出的最小一步是什么？

受害者与行动者

在受害者心态下，外部对我们有控制力。我们相信，有许多因素在我们本身之外，决定了我们成长和完成事情的能力。换句话说，我们是环境的受害者。在行动者心态下，我们就能保持一种内在的控制力。我们知道，在合理的范围内，我们有能力尝试新事物，克服挑战，完成我们想做的一切。

如果你发现自己是以受害者心态行事的，那就问问自己：

1. 我有哪些方法可以改变眼前的情况？

2. 我已有的优势是什么？我可以利用哪些能力、想法或资源来成功应对这一挑战？

匮乏与丰盛

当以匮乏心态做事时，我们认为资源是有限的，挑战通常涉及艰难的选择和取舍。在丰盛心态下，我们认为资源是丰富的，不需要通过竞争获取资源。挑战在于是否能发现潜藏的双赢局面。在面对谈判时，这是一种特别有用的心智模式。

如果发现自己是在以匮乏心态行事，你可以问自己：

1. 在这种情况下，双赢的解决方案是什么？

2. 如果我放弃对当时情况的某些限制，有没有更大的机会？

确定性与探索性

在确定性心态下，我们希望确定我们面前的道路。我们宁可让事情按计划进行，也不愿意走弯路，即便走弯路最终可能会把我们带到一个更好的地方。有了探索性心态，我们就会对原计划之外的可能性持开放态度。我们不知道未来会发生什么，所以我们相信，成功的最佳方式是提前计划，但在前进过程中保持灵活和好奇心，留意未预见的机会。

如果发现自己是以确定性心态行事，你可以问自己：

1. 为了尝试不同的方法并快速学习，我的最小可行计划是什么？
2. 这个问题的潜在解决方案，还有哪三个不同角度？

底线与机会

在底线心态下，我们的重点是防止不好的事情发生。当玛丽跳出来为她的团队辩护时，她是以一种底线心态来行动的。有了机会心态，我们就会寻找潜在的机会，而不是可能的陷阱，并相信我们可以使一些伟大的事情发生。

如果发现自己以底线心态行事，而这种思维方式并不适合你，你可以问自己：

1. 如果这不是一个避险场景，而是一个捕捉机会的场景呢？
2. 什么是可以从中产生的最大胆的好事？
3. 我如何能够鼓励这种好事发生？

核心身份

当第二天的会议结束后，托马斯与玛丽和其他高管团队举行了一次"故事晚餐"，试图促进他们之间的联系，鼓励他们敞开心扉，彼此坦诚。他们围着桌子坐好，分享在塑造他们自己和生活中起重要作用的人或事。在这种鼓舞人心和亲密的晚餐中，团队成员在个人层面对彼此更了解了。

当轮到玛丽时，她向团队讲述了她的弟弟卡尔。卡尔是她唯一的兄弟，他天生有轻微的残疾。他和玛丽在当地的公立学校上学，弟弟在学校经常受到欺负和挑衅。当他入学时，玛丽比他高两个年级。她看到自己的弟弟被欺负，觉得非常愤怒。她决定立刻介入，每当看到卡尔被欺负时，她都会挺身而出保护他。玛丽因此卷入了不少打斗和小规模冲突。但她的父母从未因打架而惩罚她。相反，他们很感激她在学校里保护卡尔，对她能帮助卡尔给予了很多积极的鼓励。

保护卡尔成了玛丽的第二天性。她不仅开始在学校操场上照顾他，而且试图让他在生活的其他方面不受伤害。在这一过程中，玛丽围绕着保护弟弟创造了一个个人叙事。这段经历似乎塑造了她的目标和价值观，并在她冰山模型最基础的一层被固化了。

我们的冰山底层承载着我们的价值观、需求（已满足和未满足的）、希望、梦想和意义感。这些因素共同构成了我们的核心身份。对玛丽来说，作为卡尔的保护者成了她作为一个有爱心的姐姐和女儿的核心身份的重要部分。

人类的思想是如此美丽又复杂。当在晚餐上讲述她的故事时，玛丽第一次将她幼年时的经历与40年后她作为领导者捍卫团队成员的行为联系起来。

冰山的底层是最难进入和改变的。虽然感知我们冰山的根源往往是有裨益的，但若只是为了转变我们的心智模式或改变我们的感情、思想和行为的循环模式，并不总是需要这样做。像玛丽一样，我们的核心身份往往可以追溯到我们早期的童年经历。如果这些经历是创伤性的，那么最好是寻求专业治疗师的帮助。否则，我们只要感知默认的心智模式和潜意识信念，并有意识地做出改变，往往就足够了。在我们的研究工作中，我们通常专注于心智模式和信念层面，目的是释放客户的潜力，增加他们的感知力和选择权，扩充其创造结果的模式。

这次分享结束后，玛丽想和她的团队坐下来，公开且坦诚地告诉他们她围绕自己的童年经历的洞察，以及它是如何导致她的保护性领导风格的。"我更想成为成长型领导，"玛丽告诉他们，"如果你们看到我过度保护你们了，请及时提示我。我并不总是能意识到我在这样做。"在她说话的时候，团队中的几个成员互相微笑着表示认可。他们简直无法相信，玛丽终于承认了他们多年来一直在谈论的行为。

此后，事情有了良好的开端。玛丽开始允许她的团队承担更多的风险，担当更大的责任。在董事会会议之前，她没有像以前那样过度准备和指导他们，而是让他们自己去迎接挑战。她很高兴地看到，在大多数时候，他们都能取得成功。

当然，也有一些时刻，玛丽会转为防御状态，有想要跳出来捍卫团队成员的工作或阻止他们冒险的冲动。但随着意识的觉醒，她能够深吸一口气并提醒自己，现在她全新的心智模式更适合她此刻的目标，也更加有利于团队的成长和发展。

随着时间的推移，玛丽的机会心态延伸到了办公室之外，也延伸到了她的家庭。一天晚上，当女儿丹耶要求玛丽开车送她去参加一个聚会时，她回答说："你为什么不直接骑自行车过去呢？"

"但是很晚了，"丹耶说，她已经习惯了玛丽的保护，"我知道你不希望我在黑暗中骑车，一个人很晚才回家。"

"我想你能处理好。"玛丽笑着说。慢慢地，丹耶的脸上也泛起了笑容。她很激动，因为母亲相信她，这足以让她承担这个小风险。

从哪儿来，到哪儿去

这个练习将帮助你开始认识隐藏在你冰山中的元素，以及它是如何影响你目前的行为模式和结果的。然后，你可以以成长思维形成一座新的冰山，从而推动更有效的创意、情感和行为。

首先，想一想你目前面临的商业挑战。最好这是一个不断出现的问题，或者是一个让你感到束手无策的领域，当然也可以是与老板或同事之间的一个一次性问题，一个你正在试图解决的难题，或者一个你正在努力做出的决定。一旦想明白了问题是什么，你就可以想象自己在那种情况下要解决这个问题。然后问自己以下的问题。

从哪儿来：

1. 我的哪些行为是无效的？在这个问题上，我的哪些行为是他人可见的？（这是你想要摆脱的行为。）
2. 如果我继续表现出这些行为，最终的结果可能是什么？
3. 当我想象自己处于这种情况时，我有什么感受？
4. 接着又出现了什么想法？什么样的自我对话开始出现了？
5. 在这种情况下，我的哪些价值观在起作用？这些价值观在优先次序上有冲突吗？
6. 我的哪些关于自己和自己角色的看法导致了这些想法和感觉？

到哪儿去：

1. 关于我自己和我的角色，更有力量且真实的信念是什么？

2. 为了支持这个新的信念，是否可以优先考虑我的另一个价值观？

3. 假如想象自己带着新的信念重回某种情况，会有什么感觉和想法出现？这些感觉和想法与之前的有什么不同？

4. 基于这些想法和感受，我自然会表现出什么行为？

5. 如果我继续以这种新的方式行事，什么结果可能会出现？

希望这能帮助你发现一个或多个阻碍你实现预期结果的盲点。最后一步是寻找机会练习你希望拥有的新行为。你练习得越多，你就越能改写嵌入你冰山中的个人叙事，并创造出全新的结果。

意义：冰山之源

如果你想造一艘船，不要招集你的手下收集木材，不要发号施令或分配工作。相反，应该教他们去渴望无尽的大海。

——安托万·德·圣-埃克苏佩里

那是一个深夜，一家营养食品公司的高级主管丹尼尔坐在南加州一间闷热的会议室里，一位名叫金伯利的顾问向他的领导力发出挑战。"为什么他们要同意你的观点？"金伯利问他，"为什么你需要知道答案？"

在内心深处，丹尼尔感到无比烦躁。他在想："为什么她不明白我的意思？我只是想找到一个方案，解决眼前的问题。为什么这对她来说如此难以理解？"

金伯利其实理解丹尼尔的想法，也看到了他的困境。在整个职业生涯中，丹尼尔对成功和优秀的领导力有一套坚定的信念。在过去，丹尼尔作为一个行动导向的问题解决者是成功的。他知道如何找到正确的解决方案，并团结其他人一起用这个方案取得成果。但现在这种做法和其底层心智模式对他不再有效。

事实上，丹尼尔原有的领导和驾驭挑战局面的心智模式限制了他处理眼前业务危机的能力。丹尼尔希望得到帮助，但他主要还是在寻找解决方案，并说服团队中的其他人改变他们的做法。首先，丹尼尔自己必须改变。

迄今为止，丹尼尔的职业生涯一直沿着稳定的轨迹上升。他在大学毕业后就加入了一家跨国蓝筹股消费品公司。二十多年来，丹尼尔一直沿着成功的阶梯向上攀登。这个阶梯把他从营销、销售岗位带到了综合管理岗位，从他的出生地欧洲带到了阳光明媚的加利福尼亚。在那里他加入了一家快速成长的公司，该公司生产和销售维生素、预制食品、零食、减肥产品和营养补充剂。公司的大部分业务在美国，不过在全球的业务也开始有起色。

当被邀请担任公司的首席营销官时，丹尼尔并不确定他是否愿意接受这个职位。他觉得自己与公司的产品或使命没有太大关系，但这是一次职位上的跃升，归根结底是一个他无法拒绝的机会。丹尼尔努力让自己对这个项目感到兴奋，他知道自己将享受在这份工作中开疆拓土的感觉。他随时准备着下一次工作调动，尤其是当这种调动伴随着巨大的挑战时。这就是他表现自己的时刻。

虽然挑战是存在的，丹尼尔却拥有解决这些问题所需的技能，有一段时间，他主要待在高要求的熟悉区，处于高风险状态。母公司因其巨大的增长潜力为这家公司支付了溢价。当丹尼尔作为首席营销官加入时，团队增加了营销支出，积极向国际市场推进，并向国内细分市场的客户群渗透，还投资新建基础设施和分销网络，以减少对第三方供应商的依赖。公司还雇用了更多的员工，来应对预期的增长。

起初，这个项目很成功。尽管有激进的增长目标，但他们每个季度都能超额完成预定目标。项目每年都以两位数增长，打入了全球许多国家的市场。这是一个成功的案例。母公司的领导开始飞来了解他们是如何迅速地实现如此显著的增长的。

到目前为止，丹尼尔是高管团队中最年轻的成员，尽管其他高管都是在公司被收购之前就入职了，但丹尼尔觉得同事们都很接受和尊重他。他们共事得很开心，合作得很好。在个人生活中，丹尼尔的状态也不错。他的家人，包括他的妻子和他们的三个孩子，已经很好地适应了加州的生活方式。丹尼尔特别享受户外活动和运动。总体而言，丹尼尔的生活是美好的。

突然，一切都变了。公司的一个头部竞争对手基于其声称的重大科学突破推出了一套新产品，竞争对手的理念和产品获得了支持者几近信徒般的追捧。竞争对手成功开展了激进的促销活动，矛头直指丹尼尔悉心经营的业务。消费者则用自己的购买力投票，在短短的几个月内，丹尼尔眼看着自己的公司从两位数增长变成了两位数下降，业务突然跌到了谷底。公司收入不仅持续下降，而且下降的速度随着时间的推移在不断加快。丹尼尔以前从未见过或经历过这样的事情。他们的竞争对手似乎开创了一种新打法，在全部关键细分市场上都火了起来。

丹尼尔现在正处于高风险的适应区。他的公司则进入了未知的水域，没有明确的答案，整个业务岌岌可危。不幸的是，正如此种情况下常见的那样，丹尼尔和团队的其他成员转入了防御状态，一切开始变得更糟。而这一次的应对方式并不像只需掌握内心的触发机制，转入学习状态那样简单。在这种情况下，一个真实、复杂且未知的问题需要被解决。

因为管理团队还在努力消化消费者骤变的偏好，他们无法就前进的方向达成一致。团队中的许多人都相信，这只是一时的风波。火焰烧得越旺，燃尽得就越快。但如果他们错了呢？如果这种竞争威胁一直存在，而他们又不能迅速解决它，结果对公司来说可能是灾难性的，公司可能会裁员，也将无力支付为生产投资的固定成本。

当公司首席执行官阿德里安娜面临这样的重大决策时，接下来该怎么做，她需要仰仗她的团队达成共识。几个星期过去了，竞争对手继续蚕食公司的市场份额，许多人开始感到需要采取行动的迫切性，但团队成员之间仍然僵持着，他们根本无法就下一步该怎么做达成一致意见。丹尼尔也觉得自己被卡住了，对他的同事无法做出决定和达成共识感到越来越沮丧。

团队首先无法达成共识的是，竞品的表现是否只是昙花一现，还是说这是用户偏好的长期转变。团队中的某些人坚持认为这只是一时的狂热。医学总监拉斐尔坚持说："他们在夸大宣传，并做出可笑的承诺，当看到那些承诺无法兑现时，用户就会蜂拥回到我们身边。"拉斐尔是一名医学博士，也是公司产品科学方法的共同发明人。"这个领域的各种趋势不断涌现和消失，这次也没什么不同。如果我们完全无视它们，它们会更快消失。我们的产品背后有更扎实的科学依据，我们不要沦落到跟他们一般见识，直接回应反而会抬高他们伪科学的身价。"

其他人则坚决不同意。"我们不知道，"丹尼尔说，"看销售状况，用户似乎相信他们的科学依据，喜欢他们的产品。如果他们的产品足够好，一旦用户用了他们的产品一去不回呢？我们应该开发一个包含类似产品的产品线，以满足用户的需求。这种趋势可能会持续几个月甚至几年。我们不能在这期间坐视不管。"

"我同意，"产品开发负责人史蒂文说，"我们为什么不推出另一套融入他们新方法的产品？这样我们的产品就能与他们的产品进行正面竞争了。"

销售负责人艾娜摇了摇头。"嗯，我认为你们都错了。"她说，"如果这只是一时的狂热，我们为什么要投资创建整个新的产品线？但我同意，我们不应该坐视不管。我们应该开始进攻，把产品直接交付给用户和我们的大型零售客户。我的团队可以想出一个有针对性的推广活动，突出我们产品的主要特点，我们与其他产品的区别，以及我们提供的产品如何优越。"

丹尼尔听着团队里的人绕来绕去，感觉有点儿头晕。这些方法中的任何一个都可能是有意义的，但团队中没有人倾听其他人的观点，因为他们坚持认为自己的观点是唯一可行的选择。团队争论越多，他们似乎就越困顿。一方面销售量不断下滑，另一方面母公司要知道管理团队准备如何解决这个问题，会议室里的人都是带着情绪的。

这种情况持续了几个星期。丹尼尔对团队的犹犹豫豫越来越失望，对自己无法说服团队认可自己的答案越来越失望，也对他的同事们持续的争论越来越失望。他唯一可以肯定的是，他们不能无所作为，虽然他也不知道怎么做，他们需要采取行动。最糟糕的行动方案是什么都不做，这实际上就是他们现在继续绕着圈子辩论而没有达成任何共识的做法。

丹尼尔所知道的让团队摆脱困境的唯一方法是回到过去对他有效的老方法——自己找出正确答案，然后用事实、逻辑和令人信服的叙述来说服其他人。但这并不适合他目前所处的适应区的环境。虽然丹尼尔确信什么都不做是错误答案，但他也不知道正确答案是什么。他担心，等到答案变得清晰时，一切都太晚了。他们什么都不做的时间越长，丹尼尔的压力和焦虑就越大，他就越发狂热地试图自己寻找答案，摆脱没有结果的团队辩论。

同时，来自母公司的持续质疑给管理团队带来了很多额外压力。然而，他们仍然陷于困境。团队成员还在坚持他们根深蒂固的观点。每当出现新的数据时，每个团队成员都用它来证明自己的观点。他们的观点变得更加两极化，他们讨论的时间越长，争论就越多，效率也更低。一些团队成员之间的关系恶化了，因为他们试图说服对方相信自己的立场，但又无法取得共识，并就没有进展而互相指责对方。

丹尼尔的挫败感、不安、不断逼近的失败和失控感与日俱增。随着他们的竞争对手用这种"一时狂热"的产品继续把用户吸引走，团队也开始分崩离析。在工作上，丹尼尔越来越多地评判和批评别人的立场和言论。在家里，他的脾气变得很暴躁，对妻子和孩子也变得急躁和沉默。

其间的一个周末，丹尼尔去滑雪，患上了严重的咽喉感染。他发烧了，被迫在床上躺了几天。在原计划返岗的那一天，丹尼尔醒来后发现全身肌肉剧烈疼痛。他很疲惫，情绪激动，这不像他，几天后他的体重开始迅速下降。

医生问诊和实验室报告都显示，丹尼尔患上了甲状腺功能失调。甲状腺是调节身体代谢率的腺体。甲状腺功能失调导致他每天要燃烧大约 8 000 卡路里的热量（是正常量的 3 倍多）！医生询问了丹尼尔生活中发生的事情，了解了他的情况。当医生听说丹尼尔陷入了公司经营的困局时，他给了丹尼尔一个选择：切除甲状腺，不过这意味着他将不得不在余生用药管理他的新陈代谢。否则，他就需要解决可能导致甲状腺功能失调的压力、生活方式和行为因素（也被称为心身失调的因素）。

丹尼尔没有听到身体的低吟，现在他的身体在尖叫。

彻底的自我问责

丹尼尔选择了后者，这就是他最终与金伯利在那个房间里的原因，金伯利是与他一起解决当前挑战的顾问和教练。金伯利没有关注是否改变公司的产品或营销以增加销量这一简单的决定，而是关注丹尼尔的领导力、与管理团队的互动，以及驱动他行为的基本心智模式，还有他对当前情况的情绪反应。丹尼尔已经有很高强度的冥想练习，并认为自己有很强的自我意识，他知道身体健康和商业危机息息相关，他需要更深入地去学习了解。

丹尼尔的第一个突破来自意识到了他自己在挑战性情况下的默认领导行为。他过往的成功模式是通过分析找到解决方案，主要是靠自己，然后说服其他人加入他的行列。只不过这次这样做并没有使团队达到预期的一致。丹尼尔认为，这种错位是他的团队成员造成的。毕竟，这是他第一次在这个公司里处理危机，也是他职业生涯中第一次发现经过自己验证的成功模式没有发挥作用。他想，这一定是他们的错。他并没有有意识地思考自己在危机中的作用。

这是我们在成功的领导者身上经常遇到的一个挑战。他们有某个经过验证的成功模式，这个模式在过去对他们非常有效。他们很难质疑这个模式，直到他意识到他们处于适应区，需要尝试新的方法。当处于防御状态时，我们会按照默认的心智模式和行为模式做事，将问题归咎于他人，这也是我们所有人的通病。我们确信我们看待事物的方式是客观真实的，所以我们不会观察自己，不会审视与自己的观点可能有出入的其他可能性或做法。这导致我们将问题归咎于他人或外部因素，而不是掌握主动权，找到改变的方式，创造更好的结果。

丹尼尔关于成为一个好的领导者的心智模式在他的职业生涯中一直很有效。但在眼前的危机中，这种心智模式使他无法倾听他人或听取他人的经验。这也使丹尼尔无法与同事共同找出解决方案，也无法动员更多人一起推动变革。目前适应性挑战的复杂性已经超出他的思维方式和这种思维方式所驱动的行为的能力范围。

到这时，丹尼尔已经知道自己旧有的行为模式不起作用了，但他没有新的成功模式，这让他感到非常紧张。这就是我们很多人在发现自己处于适应性挑战时最终会选择防御状态的原因之一。我们面前没有某条清晰的路径，面对未知的事物我们会感到恐惧，于是我们紧紧抓住过去做法的舒适感，即使它不再有效。

金伯利向丹尼尔解释说，找到新的成功模式的第一步是对他目前的心智模式有更深的认识，理解为什么它不能有效地解决眼前的挑战。旧有心智模式的盲点是什么？

经过反思，丹尼尔意识到，他对领导力的认知模式是，好的领导者能解决问题，而其他人也会认同并跟着领导者一起做。在这种情况下，这显然对他不起作用，因为他现在面临的挑战没有一个明确的解决方案。事实上，这个挑战可能连正确的答案都没有，即使有，论证它的可行性也需要花很多时间。此外，还有一个额外的挑战，团队中的每个人都固守着自己的想法。他们需要作为一个团队在不确定的情况下共同探索。随着这个不确定的未来的展开，每个人都希望自己的声音被听到。只有这样，他们才能在采取行动和共同学习的过程中，在决策、实验、路线修正和重新定位上形成合力。

丹尼尔意识到，他一直在优先考虑找到答案，而不是与整个团队达成一致的愿景和行动。

丹尼尔的下一个突破是自我问责。在防御状态下，他一直在等待阿德里安娜和团队其他成员的改变，并将缺乏进展的原因归于他们。一旦意识到自己的领导行为没有达到应对挑战的要求，丹尼尔就明白了自己也是问题的一部分。不管其他人在做什么或没有做什么，丹尼尔都可以调整自己的心智模式和领导方式，更好地解决当前的危机。

一旦接受了这样的设定，即不需要知道问题的答案也能成为一个好的领导者，他就知道自己要做的是召集团队在探索之旅中展开合作。丹尼尔感到了巨大的解脱和自由。他不需要等待其他人或外部环境的改变，他不需要等待阿德里安娜的决定，也不需要等待团队的配合，更不需要等待所有正确数据的出现。当然，无论如何，他都无法控制这些事情。现在，他可以重新关注他可以控制和改变的——他自己，在这个过程中，事情渐渐改善了。虽然他对这场商业危机感到失望和沮丧，但他所能做的就是管理自己对危机的反应。这让丹尼尔感到自己无比强大，并为他探索新的心智模式开辟了空间，使他能够在解决危机的过程中发挥不同的作用。

在建立对心智模式的认识和自我接纳之后，下一步丹尼尔选择做出改变。经过大量的思考和回答金伯利的提问，丹尼尔发掘出一种他愿意尝试的替代心智模式。他的心智模式从"（在这个挑战中）要想成为一个好的领导者，我必须知道答案，人们需要跟随我"转变为"（在这个挑战中）要想成为一个好的领导者，我需要合作，倾听所有不同的意见，并支持人们做出一致决定"。

然后，丹尼尔和金伯利讨论了如果他以这种新的心智模式开展工作，哪些行为将成为可能，并制订了一个实践这些行为的计划。起初，这不会自然而然发生，所以他需要有意识地选择与新行为和心智模式相关的"实践场合"。丹尼尔做的第一件事是找出那些最激烈地反对他观点的人，也就是那些认为公司应该等待并基本上什么都不做的人。他更深入地倾听他们的意见，并提出问题，以了解他们观点背后的基本信念和预设。然后，他试图了解那些确实想采取行动的人，了解为什么他们提出了截然不同的行动方案。

一旦对不同的观点有了更清晰的认识，丹尼尔就把持有各种对立观点的人带到房间里，努力帮助团队在讨论解决方案之前真正倾听彼此的意见。他帮助促成了一些验证假设的情景，测试了不同立场背后的各种想法和假设。他鼓励其他人也这样做，邀请同事们保持好奇心，提出问题以获得更深的理解和更开阔的视角。这就创造了一个更具创造性的寻找解决方案的过程，人们可以在不被打断的情况下表达他们的情感、想法和更深层次的理念。

对丹尼尔来说，这是很新鲜的。他不再总是纠结于寻找答案，而是为对话创造空间，寻找其他人的意见和想法之间的共同点。他注意到自己的观点变得不那么刻板了，他可以倾听别人的观点，而不立即评判他们是对是错，或一心想着形成自己的观点。他还看到，随着他变得更加开放，对其他人的观点更感兴趣，他们的讨论也变得流畅了，少了针尖对麦芒的紧张感。团队更愿意走到一起，尝试用不同的解决方案应对当前的市场挑战。

丹尼尔感到更自在，他变得对其他人更有价值了，并在解决当前冲突的过程中变得更有影响力了。有趣的是，他甚至觉得这在生理上对他的甲状腺健康产生了影响。他的精力更旺盛了。

最终，公司收入下降的势头得到遏止，成本构成得到调整，团队开始研究如何改进产品线，以替代竞品满足的用户需求。丹尼尔有能力领导他人一起来取得相关进展，这让他受到极大的鼓舞。而这些都是通过认识到自己默认的领导思维和有意识的转变而实现的。他更加投入与金伯利的教练工作，加深了他的冥想和其他感知实践，并继续发现自己的盲点，在自我意识和个人掌控方面进一步成长。

这也使丹尼尔增强了对工作以外的事情的自我问责意识。现在，丹尼尔看到，他有机会对他生活中发生的每件事完全承担责任。这一突破给丹尼尔带来了活力，驱使他以更坦诚和更深刻的感知力来看待自己的整个人生。如果他能够创造自己的人生，那么他也一定有能力改变它。这一认识使他开始问自己，这是否真的是他想要的生活。如果不是，他想要的生活又是什么？

丹尼尔很享受他目前的生活。他爱他的家，他的社区，以及他的工作带来的尊重和挑战。但他不得不承认，在内心深处，他并没有感到真正的满足。他与他所扮演的各种角色的联系基于他的野心，而不是基于一种深刻的意义感或目标感。他找到了作为父亲、丈夫和朋友的意义，但作为一个将大量时间和精力投入工作的人，他开始意识到，如果他的工作没有以某种方式给他带来更大的意义，他就不可能真正获得满足感。

回顾过去，丹尼尔发现，当忙于攀登成功的阶梯时，他对下一个阶梯上等待他的东西慢慢地失去了兴趣。他已经有一年多没有主动拿起营销书籍了，而且研究竞争对手的广告也不像以前那么有趣了。作为一个负责巨额广告预算的人，这些迹象都明显表明丹尼尔在工作中只是在走过场。

在花了很多时间反思之后，丹尼尔意识到，虽然他的健康危机和工作危机之间有明显的联系，但在幕后还有第三个危机正在酝酿，而且三者之间存在动态的相互作用。野心是有限的，而意义则不是。由于丹尼尔与其事业的联系主要基于野心，这些年野心给予他的能量终于耗尽了。

当你的激情与现实的需求相遇

每个人都能从有意义感的生活中受益。作为我们的冰山模型基础层的一部分，我们的生活意义很大程度上构成了我们的核心身份，并驱动着基础层之上的一切。像丹尼尔一样，我们许多人在生活中的多个角色和领域中找寻这种意义。许多人通过在工作之外实现自己的人生意义而得到满足。但对我们这些渴望高水平表现的人来说，将我们的工作与更深层次的意义感联系起来，有助于我们表现得更好，获得更高的能量，并在我们发现自己处于适应区时更容易转变为学习状态。

当我们与更深层次的意义感相连时，我们会更健康，更有生产力，更有韧性，在面对变化和不确定性时，我们会更加宽容。那些说自己在工作中"活出了自己的人生意义"的人，其幸福感是那些说自己的人生没有意义的人的 5 倍。[1] 有意义的生活所带来的健康和幸福感的提升可以对我们的整个生活产生巨大的影响，甚至会影响我们的寿命。

一项研究对 7 000 名年龄在 51 岁至 61 岁之间的美国人进行了为期 4 年的调查，发现没有强烈的生活意义感的人在研究过程中死亡的可能性是有意义感的人的两倍。[2] 具体而言，即使考虑到收入、性别、种族和受教育水平，无意义感的群体也更有可能死于心血管疾病。在这项研究中，生活意义感对死亡率的影响甚至大于饮酒、吸烟和运动等生活方式的因素。许多其他研究已经证实了生活意义感在创造积极的健康结果和降低我们随着年龄的增长而死亡的风险等方面的作用。[3]

也许没有人比精神病学家维克多·弗兰克尔能更深刻地阐述意义的重要性了。他的书《活出生命的意义》记录了他在二战期间作为囚犯在 4 个纳粹集中营的经历。[4] 在集中营中失去父母、兄弟和怀孕的妻子，观察其他囚犯如何应对，以及后来又治疗了许多被释放的囚犯后，弗兰克尔开始相信，即使在最黑暗的时刻，保持一种意义感对我们如何经历创伤，甚至对我们有多大可能活下来都起着关键作用。他发现，为特定意义而活的囚犯比那些没有生存意义的囚犯有更大的生存机会，无论他们的具体情况如何。战后，弗兰克尔继续开发自己的方法，并称其为"意义疗法"，它建立在寻找生命的意义是我们人类最强大的驱动力这一原则之上。

除了身体、精神和情感上的好处，与意义感的联系也是一个创造意义的机会。我们已经知道，我们的心智模式影响着我们在适应区的领导能力和表现。同样，与意义感相联系使我们能够改写个人叙事，了解发生在我们身上的事情及其原因。它通过赋予我们意义改变了我们的心智模式，使压力和挑战变得有价值，拓宽了我们对变化的容忍度。换句话说，它帮助我们更积极地构建适应性环境。

当能够告诉自己，我们正在做一件困难的事情，因为它服务于一个更大、更重要的"理由"时，我们就会把自己放在一个积极的情境和叙事中，从而创造出一种内在的勇气和安全感。即使此刻我们正在做的事情进展不顺利，或者没有按照我们的期望进行，我们也可以把它视为道路上的一个小颠簸，它将帮助我们到达最终的目的地。我们可能会感受到压力、紧张、沮丧、愤怒，或各种各样难受的情绪，但由于我们的大脑得到的信息是，我们是在朝着一个有着更深远意义的旅程行进时感受到这些负面情绪的，我们可以看到，我们的负面情绪与实现自己最想达成的目标有关，而不是因为我们受到了威胁。因此，我们能够更好地保持学习状态，并获得在困难时期继续前进所需的能量。

在这个更广阔的视角下，极其努力地工作会让我们获得更多的回报感和更低的挑战性。这种给自己"灌输"积极信息的方法，特别是在面临困难时，是一种情绪调节策略，可以让我们在面临任何级别的挑战时不会被情绪冲昏头脑。面对变化或动荡，意义可以作为一个锚，让我们扎根于我们的核心身份和我们所代表的东西。无论周围发生了什么，我们都能保持稳定和不变，因为我们始终看着地平线上的那个点，并牢记着我们的方向。

如果没有地平线上的那个点作为人生意义，我们就更有可能转入防御状态。我们不知道自己真正想要什么，所以我们采取行动保护我们已经拥有的东西。这导致我们变得被动，更频繁地寻找需要解决的问题而不是创新的机会。当我们处于高风险的适应区时，意义尤其重要。在这种情况下，如果没有意义感，我们就像行驶在暴风雨中的船只，没有目的地，只能对下一个冲击我们的风浪做出反应，而不是主动地努力向前。

当锁定我们的意义时，我们会更有意识地走出自己的熟悉区，去成长、学习和发展，并直面适应区，积极应对。如果没有更丰富的意义，我们就没有理由去学习新东西。毕竟，待在熟悉区比把自己推向适应区更容易。但这只会导致自满，当不断变化的环境迫使我们进入适应区时，最终我们会失去茁壮成长所需的工具，或者更糟，容易出现倦怠或其他负面的身体影响。

丹尼尔陷入商业危机的部分原因是他缺乏对自己行为模式的意识，但另一个原因是他在追逐一种通用的成功理念，而这种理念并没有扎根于有意义的目标。在一个充满挑战的新环境中，他没有指南针来指引自己。除了意识，当没有明确的答案和 / 或我们的习惯性反应不再起作用、我们需要学习新的东西时，强烈的意义感所提供的心理、精神和情感上的锚定有助于我们驾驭适应性。

那么，我们追寻的意义是什么？我们如何找到它？我们把意义定义为我们的激情与现实需求的交汇点。我们并不都能有幸通过创造我们所热爱的事物来谋生，但我们仍有许多方法可以将我们的生活和我们的角色与更深的意义感联系起来。我们可以从组织的文化、价值观和领导力中获得意义，或者从我们正在创造价值的感觉中获得意义。归根结底，我们有很多方法可以感受到我们的工作与我们的才能和价值是一致的，但这通常不会发生在我们身上。找到并连接到我们的意义需要计划和实践。我们可以从问问自己开始：我对什么充满热情，我如何将其与我所做的工作联系起来？

像丹尼尔一样，我们中的许多人把野心和意义混为一谈。我们想获得成功，这足以在一段时间内激励我们。但是，许多领导者已经达到了成功的水平，如果成功是真正重要的，那么他们肯定会满意，结果却发现自己仍不满足。正如美国天主教特拉比斯特派僧侣、诗人、活动家和学者托马斯·默顿所说："人们可能一生都在攀登成功的阶梯，但当到达顶峰时，他们却发现梯子靠错了墙。"的确，当丹尼尔看到了健康和团队危机的曙光，重新认识自己的时候，他开始怀疑自己攀爬的梯子是不是靠错了墙。

在随后的几个月里，丹尼尔能够越来越多地从他的新领导思维出发做事。他在办公室里获得了灵活性，感到压力减小了，受到了更多鼓励，能够更好地与他人相处并找到都认同的解决方案。而且他很高兴地看到，他甲状腺功能失调的状况得到了更大的改善。他的情绪开始好转，现在他不再总是那么疲惫不堪。这增加了他直面问题的勇气和能力。不到一年时间，在没有使用任何药物的情况下，他的身体完全恢复了。

不久之后，丹尼尔参加一个小组会议，主持人要求小组成员思考他们的雄心壮志。丹尼尔想到自己自从学会转变默认的领导心智模式后所经历的变化，他想知道如果他找到一种方法，让其他顶级团队能够解决冲突，挖掘他们的集体领导潜力，会发生什么。特别是在危机时期，这一点很难做到。如果他的团队在危机开始时就能得到这些工具，那将对他们有很大的帮助！

这个想法令丹尼尔很兴奋。他首先报名参加了小组主持人的培训，帮助人们发现他们的盲点。他阅读了所有他能找到的关于他想做的工作的资料。他还接触了这个领域的专家，与他们开始建立联系。马上，他注意到他对阅读这些资料的兴奋程度远远超过了他放下的营销书籍。丹尼尔花了好几个周末去静修，学习更多相关知识。在从其中一次培训中回到家后，他的妻子说："当你在周末进行培训时，你会比平常下班回家时精力充沛得多。"

丹尼尔再也无法否认他在生活中真正想要的东西。"但这将意味着大幅减薪，"他告诉妻子，"高达百分之五十。而且我基本上要重新开始，没有任何我现在拥有的保障或福利。"

"我们可以想办法解决这一切，"他的妻子说，"你应该做你热爱的事情。"

妻子的支持，加上丹尼尔从找到人生意义中获得的自信，以及他对自我问责的理解，最终使他有勇气承担风险，离开他非常珍惜的岗位，在一个全新的领域担任新的角色。现在他知道，如果没有成功，他会用"双重意识"和自我问责的工具再次改变方向。而这一次，他将更早地意识到这一点，花更少的时间去爬靠错了墙的梯子。

意义是一种实践

找到我们的人生意义不是一蹴而就的事情。它是一种与最重要的事相联系的终生实践，并提醒我们为什么它们对我们很重要。这是"双重意识"的一个关键部分，因为我们的意义位于我们冰山模型的底部，并且经常随着我们获得的经验和智慧、学习和成长而发生变化。我们的内部意识不仅关乎我们当下的状态，而且关乎我们是谁，我们代表什么，以及我们的核心身份如何随着时间的推移而变化。这种意识可以以一种非常不同的方式锚定我们，我们需要定期重新审视我们的意义，以重新锚定自己和 / 或让意义向更深层次发展。

特别是当我们进入适应区的时候，不断地与我们的意义重新建立联系，为我们提供内在的源泉和安全感，能够使我们转入学习状态。我们可以在组织层面、团队层面和个人层面做到这一点。将我们的个人意义与公司的意义联系起来有很多价值，即使不是直接联系。例如，如果我们的意义是养家糊口，我们的工作角色就能帮助我们实现这一目标。这往往足以让我们在工作中找到意义。同样，只要把挑战视为学习的机会，就能为这些挑战注入意义，帮助我们在困难时期转变为学习状态。

丹尼尔在开始新工作后不久就了解到这一点。他曾担任公司高管多年。现在，他退居二线，追随自己的激情。为了进入这个新组织，他与比他至少年轻10岁的同事一起工作。他每天都在完成多年来没有做过的各类工作，如制作幻灯片和撰写会议报告。除此之外，丹尼尔的同事还经常给他一些负面的反馈，通常是他的演讲不够犀利，或者没有遵循公司的做事方式。

丹尼尔很沮丧，因为他花了很多时间来完成这些平凡的任务，并谈到他的工作安排不对，他真正想专注于帮助顶级团队实现转型。他感觉这是在浪费时间，他还觉得自己被团队的年轻人轻视，因为他们没有给予他应得的尊重。

丹尼尔的自我叙事在说，他比团队中的其他人知识更丰富，也有更多的经验。他们有什么资格告诉他应该怎么做事？为了实现他通过公司董事会改变世界的梦想，他已经迈出了一大步。而现在他却被困在了像"清洁厕所"这样的事情中，他就是这样看待眼前的事的。这似乎不值得。与此同时，他指责那些年轻的同事就是无知的孩子。

丹尼尔显然处于适应区。在防御状态下，他与新同事之间关系紧张，同时他也在维护自己旧有的做事方式。当然，这只会让他无法学习公司的方法，无法与其他人有效合作。在工作的第一周结束时，丹尼尔已经感觉到他永远不会成功，他开始后悔自己的决定。

如果丹尼尔在担任新角色之前没有获得如此多的认知，谁知道这种情况会持续多久？那个周末，他散步了很久，问自己到底发生了什么。通过梳理和练习自我意识，他能够察觉到自己的感觉和想法以及驱动它们的思维方式。他想到了自己的人生意义，以及为什么他当初要来这家公司做这份工作，他意识到，为了实现自己的梦想，他必须学会这场新游戏的规则。

为了做到这一点，丹尼尔必须转变心智模式。如果能尽快学会这些技巧，他就能更快地投入他想做的工作，这将使这段困难时期变得有价值。为了实现自己的梦想，他现在所做的工作是必要的。他决定接受这家公司的工作是有原因的。没有人强迫他，他自己选择了它，而且他这样做是有理由的。现在就看他如何适应这个新环境，如何实现他的人生意义。

这是形成洞察的关键时刻。丹尼尔决定有意识地尝试以不同的方式看待这种情况，并通过接受反馈、倾听同事的意见，以及努力了解如何在这个新环境中发挥最大作用，让自己尽快得到训练。他的自我叙事从"他们以为自己是谁，就对我指手画脚？"，变成了"我很感激他们教会了我需要知道的东西，以便我能够实现我的梦想"。随着这种心智模式的转变，丹尼尔的大脑收到一个信号，即他是安全的，他所经历的压力是有原因的。所有这些都帮助他从防御状态转为学习状态。

在学习状态下，丹尼尔变得更加合作。他主动向同事寻求支持和反馈，特别是当他的行事方式与他们不一致时。这有助于缓解小组的紧张气氛，并促使他的同事向他敞开心扉，与他分享。正如我们以前看到的，当两座冰山相互碰撞时，结果往往是摩擦和冲突。但是当我们融化我们的冰山时，它们可以毫不费力地融合在一起，就像人们在这种状态下一起工作所产生的合作一样。

在几个星期内，丹尼尔学会了一些技巧，与他的同事相处得更好了，但这仍然不容易。他不时感到沮丧和不耐烦，发现自己陷入了旧有模式。当这种情况发生时，丹尼尔会借口去洗手间。他闭上眼睛想象自己在 6 个月内做着他如此热爱的工作，并告诉自己，这一切都值得。然后他提醒自己，接受这份新工作是他自己的选择，他选择留下来是为了通过工作实现自己的人生意义。通过有意识地采用行动者心态而不是受害者心态，丹尼尔让自己处于学习状态，这样他可以高效地朝着他的梦想继续前进。

从他的领导危机和健康危机迫使他认识到自己的工作并不充实，到创造一种重新与他的人生意义相连接的做法，以更快地度过困难时期，丹尼尔经历了一个巨大的转变。他意识到，这不是第一次，也不会是最后一次他遇到自己的盲点或感到不满足。情况会继续变化，他将持续发现自己处于适应区。但现在他知道，他要对发生在自己身上的任何事情以及自己选择的回应方式负责。

他掌握了实现人生意义的意识和工具，避免被情绪左右，甚至可以预料自己何时会受到挑战，并下决心保持开放、学习的状态。

果然，6个月后，丹尼尔实现了自己的梦想，因为他开始在充满挑战的环境中与执行团队合作。在经历了这一切之后，他做着对他来说如此有意义的工作，感觉非常有成就感。丹尼尔还认识到，虽然他可能多年来一直把野心误当成意义，但这两件事并不相互排斥。事实上，他的工作越是与他真正的人生意义相一致，他就越有动力取得成功。不同的是，现在他在做这些工作时，没有感觉到有缺失。虽然他的具体角色、环境和意义会随着时间的推移而不断变化，但重要的事情始终不变——具有真正意义和价值的生活和事业。

连接你的人生意义

发现和连接你的人生意义是一个终身实践，不是一件你可以完全完成的事情。但这些问题应该能帮助你开始思考什么对你来说最重要，以及你在哪里能找到生活的真正意义。在回答完这些问题之后，寻找你自己的答案之间的规律和交集，以便更深入地了解那些在最深层、最个人层面上推动你前进的东西。

1. 当你还是孩子的时候，你最喜欢什么？为什么你会喜欢它？

2. 你一直拥有的 3~5 个核心品质是什么？

3. 回想一下你生命中最具挑战性的一两个事件，然后问自己：

    （1）我从中学到了什么？

    （2）我因此成了什么样的人？

4. 回顾你的生活，哪一两个时刻让你真正感到满足，并且能够展现出最好的自己？

5. 你的立场是什么？你最重要的价值观是什么？

6. 你想留给这个世界什么？展望未来，对你来说最大的可能性是什么？你目前正面临哪些重大挑战？

像运动员一样复原

> 我们的人性来自一系列习得行为，这些交织在一起的行为模式是极其脆弱的。

——玛格丽特·米德

亚历克斯是一个能量充沛、有创造力，且颇具魅力的"社交达人"，他在一家大型航空公司从事营销和客户服务工作。他最喜欢的事情就是让大家开心。在朋友和同事中，亚历克斯以能举办最好的派对而闻名——各种神奇的活动，从最小的细节到最盛大、最精心的现场都会被安排妥当。每场派对都像是一个不容错过的标志性特别活动。这一方面是因为亚历克斯富有想象力和创造力，另一方面是因为他非常关注人们的喜好，并且能完美地执行所有的细节。他乐于把同样的才能用于航空公司的工作，为旅客创造特别的体验。

当然，如此注重细节也会有弊端。亚历克斯自称是一个完美主义者，喜欢计划和控制细节。他希望一切都能完美地进行，而只要他参与其中，事情通常都能完美地进行。

因此，亚历克斯最近晋升到了他梦寐以求的岗位，一个叫作客户体验副总裁的新职位，直接向首席营销官汇报。他负责启动公司最关键和最引人注目的举措之一，以扭转客户满意度下降的局面。该航空公司的 NPS（净推荐值），一种衡量客户选择和推荐该公司及其服务的可能性的指标，在过去几年里一直在走下坡路。NPS 的计算方法是用积极评价公司的人（"推荐者"）的百分比，减去消极评价公司的人（"贬损者"）的百分比，得出的分数从 100 分到负 100 分不等。

目前，航空业的平均 NPS 约为 30 分。亚历克斯公司的 NPS 有一段时间是业内最低的，在上个季度，它跌至零以下，达到了 –2 分。航空公司的首席执行官和高管团队对此做出了部分回应，设立了亚历克斯现在的新职位，主要目标是改善客户体验，减少客户投诉，并大幅提升客户满意度和忠诚度。首席执行官告诉亚历克斯，他希望公司的 NPS 实现从"最差到最好"。

亚历克斯对困扰公司的客户问题感到沮丧，但同时也对这个新机会感到欣喜若狂。这不仅是亚历克斯梦寐以求的职位，而且他有机会建立自己的团队。由于客户体验转型具有很高的优先级，亚历克斯获得了大量资源。"无论你需要什么都行。"他的老板雷切尔不断跟他说。他还能从整个公司精心挑选人才纳入自己的团队，现在有很优秀的人为他工作。其中就包括一名叫乔安妮的女士，她多年来一直是公司营销部门的领导者，在此之前，她曾长期在航空公司的运营部门工作。乔安妮作为他的二把手，负责日常运营并应对各种战术问题，亚历克斯则专注于提高 NPS 的转型举措。

在家里，亚历克斯给他的家庭和社区带来了和他在工作中同样多的激情和活力。他身体里似乎有个永不停歇的小马达。亚历克斯和他的伴侣盖布有一对 7 岁的双胞胎，利奥和阿比，他们一家会非常积极地参与社区教会和学校的活动。亚历克斯也是当地教育委员会的主席。

亚历克斯履新的第一件事是确保团队的日常工作能顺利进行，他的新团队配合不错，成员们也已经适应了他这个新领导。同时，他开始搭乘公司的一些航班，以神秘旅客的身份体验航空服务，亲自观察哪里需要改进。他注意到一些问题，并制定了 12 个有针对性的举措来实现转型。这些举措涉及公司的各个方面，包括登机流程和行李托运政策，空乘人员培训，呼叫中心的变化（如自动呼叫转移和新的客户服务脚本），机上餐饮和娱乐项目的改进，辅助服务的定价调整，以及更新航空公司网站和客户应用程序以改善用户体验。公司每个月都会计算他们的 NPS，亚历克斯雄心勃勃的目标是在一个月内使 NPS 从负数变为正数，并在一年内达到 50 分。

然而，亚历克斯很快就遇到了一系列阻碍。信息技术部门说他们至少在 6 个月内没有时间接新任务；空乘人员工会对培训持反对意见；采购和法律部门未来 18 个月必须一直处理餐饮和娱乐合同；而且似乎与机场地面运营有关的政策或程序上的任何变化都需要得到公司全员的同意。亚历克斯遭遇的第一个挑战是信息技术的改进。越来越多的客户与航空公司的第一次接触是在网上或应用程序上，而现在它的设计太笨拙且反直觉。亚历克斯亲自处理这个问题，他很快确保了额外的资源投入，引入外部供应商来支持团队，并说服信息技术部门现在就做出改变。他告诉乔安妮，"如果想把这里的事情做对，最好我自己来做"。

亚历克斯处理的下一个挑战是空乘人员的培训。他认为这是当前问题的核心，但乔安妮告诉他，她已经和人力资源部门的负责人谈过，而且工会不愿意推出新的培训。"他们为什么不愿意这么做？"亚历克斯怀疑地问，"他们与客户的互动比任何人都多，应该让他们的服务变得更好。我认为工会应当要求更好的培训，而不是固执己见地反对！"

乔安妮同情地耸耸肩。"我支持你，"她说，"但人力资源部门就是这样说的。"

亚历克斯摇摇头，拿起了电话。"我打赌他们的站位有问题，"他对乔安妮说，"当然，如果他们不明白为什么要这样干，他们就会停滞不前。"他叹了口气："我会直接和工会的负责人谈，我知道如何推动这件事。"在那一周剩下的时间里，亚历克斯都在与人力资源部门和工会领导来回沟通。他们最终同意了新的培训，但只有一点儿实质性的改变。亚历克斯和他的团队沮丧地发现，他们不得不放弃某些最重要的变革，重新开始设计培训，至少目前是这样的。

接下来的一周，信息技术部门向亚历克斯展示了他们新设计的手机值机页面的模板，他对他们缺乏创意、对细节不重视感到失望。"有客户真正尝试用过这个吗？信息太多了，我甚至都看不到去哪里办理登机手续。另外，如果我是白金会员，为什么它不显示我的会员身份？"他一边说一边上下滑动页面，"而且托运行李的选项太小了，几乎看不到它们。我们是在努力让人们的操作变得更便捷，而不是更困难。"

亚历克斯叹了口气："我们会列出一份详细的反馈清单，这样你们就可以再试着改一改了。"值得庆幸的是，亚历克斯的团队合作得很好，但他对他们必须不断为其他部门收拾残局感到沮丧。更令人不安的是，在第一个月结束时，他们的 NPS 已经从 –2 分下跌到 –5 分。事情仍在朝着错误的方向发展，亚历克斯有点儿不知所措。这之后不久，独自住在国家另一头的盖布的母亲意外跌倒并摔断了髋关节。没有人照顾她，亚历克斯和盖布决定让盖布飞过去，在母亲康复期间陪她一两个月。在离开之前，盖布表达了对亚历克斯的关心。盖布说："你已经有很多事情要做了，我觉得把孩子们留给你很糟糕。一定要照顾好自己，好吗？"盖布对亚历克斯独自承担很多事情的习惯再熟悉不过了，亚历克斯认为自己是一个超级英雄，可以做所有的事情。但亚历克斯对盖布的顾虑不以为然。"不要为我担心，"他说，"去照顾你妈妈吧，我不会有事的。"

亚历克斯以他标志性的充沛精力投入独自抚养孩子的家庭生活。他早早起床做早餐，准备午餐，并送孩子们去学校。亚历克斯不能参加社区教会或教育委员会的会议，因为他必须在家里照顾孩子，但他知道这只是暂时的。没有盖布在家里，孩子们还得参加学校的课后辅导课程。当漫长的一天结束后，亚历克斯很疲惫，日子比平时更难过了。当他把孩子们送上床时，他自己也常常筋疲力尽了。

如果你想让事情有不同的发展
你必须以不同的方式进行领导

现在，亚历克斯在工作和家庭中都处于高风险的适应区。但他没有意识到这一点，而是继续用过去对他有效的战术向前推进。不幸的是，亚历克斯的情况会变得更加糟糕。第二周，乔安妮告诉亚历克斯，她要离职去一家有竞争关系的航空公司担任首席客户体验官。亚历克斯急切地希望她留下来，并提出了慷慨的薪资待遇，但没法与她所提及的岗位薪酬福利竞争。他不得不承认，她在那个职位上会做得很好。最糟糕的是，乔安妮已经积累了很多假期，而现在她要去休假了。这意味着，她基本上是在没有任何通知的情况下就离开了。

"我还在，可以帮忙与接替我的人做交接，或者回答你们的任何问题，不过我将休一个久违的长假，"她告诉他，"我已经一年多没有真正休假了。"亚历克斯不禁感到有点儿苦涩。这对她来说一定很好。不过我也有一年多没有休过真正的假期了，他心里想。

在乔安妮离职后，亚历克斯的工作时间越来越长。他还没有完全意识到，在他专注于转型计划的时候，乔安妮是如何管理组织的日常事务并将整个团队凝聚在一起的。现在，在他找到替代乔安妮的人之前，他要自己补位。与此同时，他所发起的转型倡议似乎都遇到了阻碍。他仍在等待新版空乘人员培训安排的最终审批，在线值机系统的第二次改版仍未达到要求，其他 10 项举措也都在勉强推进，每一项都在争夺他的时间和精力。亚历克斯开始越睡越晚，熬夜来处理所有事务。

不久之后，亚历克斯雇用了瓦妮莎来替代乔安妮的角色。她很有潜力，但她是外部招聘进来的，需要大量的入职培训，所以亚历克斯还不能向她放权。他觉得整个世界的重量都压在自己的肩上。当晚上结束一天的工作时，即便身体疲惫不堪，他的大脑也一直在转动，想着当天没能完成的所有事情。尽管很累，但他很难入睡。他的大脑一直在飞速运转，而且他似乎无法平静下来。

当一篇文章对国际航班中最好和最差的航空公司进行排名时，利害关系越发突出了，亚历克斯的公司位列倒数第二。（倒数第一的航空公司是一家国有企业，处于垄断地位，而且出了名地管理不善。）亚历克斯梦寐以求的工作似乎正在变成一场噩梦。他每晚都执着于为自己列出长长的待办事项清单，时常还会醒来添加注释和评论。感到彻底失控和疲惫的亚历克斯开始每晚服用安眠药，并喝下一杯苏格兰威士忌帮助舒缓紧绷的神经，以进入睡眠。这很快成为他每晚的习惯，如果第一杯不起作用，他常常要喝两杯。

然后亚历克斯接到了盖布的电话，妈妈并没有像预期的那样迅速痊愈。一两个月的离开现在看来要三个月甚至更久。当天下午晚些时候，亚历克斯收到儿子利奥的老师发来的电子邮件，邀请他参加一个家长会。第二天早上，亚历克斯第一时间出现在学校，担心出了什么大问题。老师说，利奥以前总是按时完成作业，但在过去的几周里，他一直没有做作业。"利奥在白天似乎也有点儿累，"老师温和地说，"我在想，是不是家里出了什么事？"

"家里出了什么事？"亚历克斯连声重复，心想，你一定是在跟我开玩笑。"家里发生的事情是，我没有时间和一个 7 岁的孩子一起做家庭作业！为什么他在这个年龄段会有家庭作业？"他烦躁地看了看手表。为了来学校，他错过了一个重要的会议，这简直太浪费时间了。老师睁大眼睛盯着亚历克斯，但他太激动了，似乎没有注意到。"祝你今天过得愉快。"他离开教室时尽可能平静地说。

亚历克斯一上车，就极其沮丧地用拳头猛砸方向盘。他的工作似乎没有任何进展，客户满意度不断下滑，他失去了他信任的副手，他连续几个月需要独自照顾家庭，现在他的儿子在学校遇到了困难，而老师毫无办法，却在浪费他的时间，评判他的教育方式。接下来又会是什么？

亚历克斯感到胸口有一种轻微的灼热感，这种感觉在过去几周变得异常熟悉。那天早上他已经灌了好几杯浓缩咖啡，但他已经不记得自己上一次吃正餐是什么时候了。他伸手到储物箱里拿出抗酸药，注意到只剩下最后一片了。亚历克斯把它塞进嘴里，在心里默默记下要多买一些，然后开车去上班了。

亚力克斯刚到公司，人力资源部门的负责人就来到他的办公室告诉他，工会领导要求对新的空乘人员培训进行更多的修改。

"那还用说吗？"他冷笑道，"我为了创造一些能帮助他们更好地完成工作的方法，已经把自己搞得焦头烂额了，但他们显然不在乎。要么他们对提供糟糕的客户服务更感兴趣，而不是学习如何更好地完成他们的工作，要么你没有做好说服他们的工作。所以，还是算了吧！"

人力资源部门的负责人一言不发地离开了。亚历克斯坐在办公桌前，双手抱头。为什么这些事情总是发生在我身上？他并不为自己的行为感到骄傲，但他也相信，从当时的情况来看，这多半是合理的。他再次感到胸口那种熟悉的灼热感，拉开书桌的抽屉，那里原本放着另一盒抗酸药。但抽屉空了。亚历克斯大声地关上书桌的抽屉，声音大到走廊那头都能听到。

几天后，亚历克斯与他的老板，航空公司的营销主管雷切尔坐下来。她说："嗯，这个月的 NPS 稳定在 –5 分。"亚历克斯脸上的失望之情清晰可见。"嘿，这还不算太糟——它已经在下降的轨道上走了很久，终于触底了。我有信心你会扭转局面，"她说，"但我们很想让你跟一个高管教练一起工作。"

一个教练？亚历克斯心想，我不需要教练，我当然也没有时间去找教练！"谢谢你，"亚历克斯告诉他的老板，"但这没有必要。"

"我们有几个非常优秀的伙伴，他们渴望与你一起工作，"她回答说，"只要你准备好了就行。"

那个周末，亚历克斯想放松一下，享受与孩子们在一起的时光。他决定带他们去海滩，但他很难从工作的压力中解放出来。在去海滩的路上，他脑子里回放着与人力资源部门负责人和老板的谈话，他变得心烦意乱，不知不觉已经走错了路。现在他们迷路了。

"爸爸，还要多久？我饿了。"阿比在后座上抱怨道，把亚历克斯拉回了现实，"我们什么时候能到那里？"

"等一下，亲爱的。"亚历克斯说，他摸索着用手机导航调出方向，试图弄清他们在哪里。

亚历克斯的手机此刻没有任何信号。路口的红灯变成了绿灯，但他不知道该往哪边走。"但我饿了。"阿比再次抱怨。他们身后的汽车也不耐烦地按着喇叭。亚历克斯的挫败感爆发了，矛头直指阿比。"够了！"他对她吼道，"够了！我已经尽力了，你还有什么不知足的！"

可想而知，阿比开始在后座上不受控制地抽泣起来。亚历克斯把车停在路边，给孩子们买了点儿零食。阿比平静了下来，最终他们来到了海滩。但是，亚历克斯想象中的快乐日子现在感觉并不那么有趣了。很快，孩子们问他们要在那里待多久，是否可以回家。

那天晚上，亚历克斯通常服用的安眠药并没有起作用。他似乎就是控制不住地胡思乱想。他又喝了一杯苏格兰威士忌，同时熬夜打扫厨房，思考过去几天的情况。在打扫本已相当干净的厨房时，亚历克斯意识到，在一切都感觉如此失控的情况下，他正紧紧抓住他所能控制的少数几件事情。

在老板建议他开始与一个教练合作，以及他对阿比生气之后，亚历克斯认识到有些事情必须改变。尽管他尽了最大努力，但事情并没有按照他所希望或计划的那样发展。他觉得自己在生活的方方面面都没有达到要求。当意识到厨房一尘不染时，亚历克斯下定决心通过与教练合作来表明他愿意尝试一切。在喝了第三杯苏格兰威士忌后，他终于能迷迷糊糊地睡去了。

在与他的教练史蒂夫的第一次会面中，亚历克斯感到疑虑重重，但他希望史蒂夫能给他一些有用的提示，告诉他如何让其他人接受他的计划，而不是每次都拖后腿。但史蒂夫不想谈论其他人，他想谈的是亚历克斯的表现，以及是什么阻碍了亚历克斯的发展。在征得亚历克斯的同意后，他询问了公司里的一些人，以了解他们的看法。

"你的团队尊重你，他们真的很在乎你对他们的看法，"他告诉亚历克斯，"他们讨厌让你失望。但有一种看法是，人们不能反对你的想法，如果你不去听那些你不想听的观点，你就很难知道真相。"

亚历克斯吞咽了一下口水，接受了这个看法。"你的标准很高，这没有错，"史蒂夫继续说，"这就好比你是一个家长，希望你团队中的每个人都能在每次的作业中得 A+。当他们得到 A+时，一切都很好。但是当他们没有得到时，他们会害怕把成绩单拿给你。所以他们开始不告诉你一切。你可能会感到失控，部分原因是你甚至没有掌握所有的信息，因为你的团队害怕你的反应。"

亚历克斯点点头。他知道成绩单是个比喻，但这让他想起了小时候给父母看成绩单的感觉。"归根结底，"史蒂夫说，"如果想让事情以不同的方式发展，你必须以不同的方式开始领导。"

史蒂夫问亚历克斯，是否同意同事们认为他做事倾向于事无巨细面面俱到的观点。"嗯，不是所有的细节，只是重要的那些。但我确实认为细节很重要，所以这还算是个客观的观察。"

"为什么？"史蒂夫问道。

"因为这样才能确保事情被正确执行，"亚历克斯说，"你要了解细节。"

史蒂夫说这就是亚历克斯的信念。在特定情况下，这可能是真的，也可能不是。不管怎么说，亚历克斯相信这种信念指导着他的领导模式。"拥有这种心智模式的领导者往往会采取控制性的行动，因为他们相信自己比别人懂的事情更多，"史蒂夫说，"如果可以，大部分事情他们会自己去做。我的感觉是，你应该告诉他们该怎么做，特别是当你时间紧张的时候，因为这比让团队成员自己找到答案或指导他们找到答案更快。"史蒂夫停顿了很长一段时间，让亚历克斯慢慢吸收这个观点。

亚历克斯在听的时候也感到一阵刺痛，他深知史蒂夫说得很有道理。

"相信我，亚历克斯，"史蒂夫继续说，"作为一个已经放弃完美主义的前完美主义者，我知道那是什么感觉。这样的领导者也倾向于相信，使他们成为伟大领导者的原因就是：知道该做什么，采取行动，把事情做好，精确地指导他人。这种工作模式会让人们越来越努力地工作。如果成功了，他们就会因努力而得到更多更大的回报。在某些时刻，他们所达到的个人领导能力可以做到这一切。而且，由于这类领导者往往控制欲很强，他们经常会错过一些事情，因为他们无法享受放权后获得不同的想法、思路、观察和观点的好处。当事情变得棘手时，他们的控制欲和完美主义会越发突出。在某些时刻，不堪重负是必然的，这可能导致他们筋疲力尽。"

亚历克斯不得不承认，在很大程度上，这的确是事实。这就是他和盖布举办聚会时的做法，他在一直推进的转型计划上也是这样做的。他自己提出了所有的想法，然后把执行工作交给他的团队。当信息技术和人力资源部门没有实现他的预期时，他就会陷进去，有时还把他们的工作揽到自己的肩上。他始终相信，如果你想把事情做好，就得自己做。

史蒂夫和亚历克斯又讨论了几分钟，然后史蒂夫转变了话题。"对了，"他说，"你看起来很累，而且有些人说你在过去几周瘦了很多。你有没有照顾好自己？"

"当然，"亚历克斯毫不犹豫地说，"我很好。"但史蒂夫并没有那么快就放过这个话题。

"你的睡眠时间有多长？"

"嗯，我的睡眠很差，"亚历克斯承认，"但我一直努力在午夜前上床，这样我就能在五点孩子们起床前起来。"

史蒂夫犹豫了一下。"每晚只睡五个小时，"他说，"那你吃得怎么样？"

"吃得怎么样？"

"是的，你吃得好吗？你会惊讶于营养对你工作表现的影响有多大。"

"我吃得很好。我一直很忙，没有过多地担心我的个人饮食，但我饿了就抓紧时间吃点儿东西，"亚历克斯回答，"我总是在一天中的某个时刻找点儿东西吃——快餐或熟食店的三明治。在我把孩子们送上床后，我太累了，不想再做一遍晚饭，所以我最后只是吃他们的剩饭。"

史蒂夫点点头："锻炼身体呢？你自己的时间是怎么安排的？你还做了什么来给你自己充电？"

亚历克斯半笑着看着史蒂夫："我要说现在我的电池电量很低。"

个人能量储备

在任何时候，我们只有有限的资源储备，包括我们的生理能量、精神和情感能量，以及我们的认知力或注意力。不同类型的能量之间也存在相互作用，每一种都可以加强或削弱其他的能量。把个人能量想象成一个多方面的"电池"可能有助于我们理解，它储存我们的能量和个人资源。这种电池的能量对我们是否能够进入学习状态发挥着巨大的作用，尤其是在最关键的时刻。

在一个试图学习和执行复杂空中交通管制模拟的实验中，人们发现参与者动机水平越低，学得越快。也就是说，较高的动机水平引发了较高的压力和低速的学习。然而，在练习过程中的短暂停顿能使积极性高的人超越积极性低或"不休息"的人的学习表现。短暂的休息是补充认知能量的契机，因此他们可以更快地学习应对有挑战性的任务。[1]

同样，另一项研究发现，年轻的小提琴天才在学习上持续超过了同龄人，也超过了几乎同样优秀的小伙伴。这并不是因为他们的纪律性、严谨性，或者他们每天都在进行长时间的紧张、刻意的练习，而是因为他们在白天更频繁地休息，包括小睡，来给自己充电。[2]

在亚历克斯的案例中，亚历克斯显然在他生活的不同领域都处于适应区。他需要适应新的环境，摒弃旧的习惯，学习新的技能，以便在充满挑战的环境中领导下属和教育孩子。在没有给自己充电、补充所需的个人资源，为学习提供动力的情况下，他却试图快速适应。在防御状态下，他丧失了清晰的感知力，就像温水里的青蛙一样。他没有感觉到水在升温，也没有意识到自己已经进入了适应区。

事实上，亚历克斯对自己的内心状态和外部环境都没有清晰的意识。随着各种微小变化叠加在一起，他没有意识到他已经无法用现有的心智模式和行为来管理他目前的挑战了。他一直用旧的行为模式来应对新的情况，反复、用力地操纵同一根控制杆。然后他也不明白为什么事情没有按照他的意愿或计划推进。

如果拥有一块满格的电池，亚历克斯就会有更强大的能力去适应挑战，或者更重要的是，能用"双重意识"去观看自我。他会更早地意识到，他所处的环境需要他做一些新的事情。继续做同样的事情，无论他做得多好，都会产生类似的令人失望的结果。相反，他需要转变，放弃一些过去对他有效的老办法，转入学习状态。随着这种意识的增强，他也可以更早地认识到，当他的电池电量开始报警时，他由于没有照顾好自己而进入了恶性循环。这也影响了他对周围世界的体验。

花足够的时间给自己充电，可以让我们成功地领导和学习，并确保我们有必要的情绪韧性和灵活性来处理生活中的挑战。为了给自己充电，我们需要在低风险的熟悉区挤出时间进行复原、练习。特别要在四个方面进行有意识复原：身体（睡眠、营养和锻炼）、心理和情绪（注意力、情绪韧性、调节心情、拥有充满希望和乐观的感觉、创造安全情绪和平衡感、处理和解决长期的情绪挑战和"包袱"）、社交（人际关系以及归属感）和心灵（与更深、更广泛的目的、意义和价值观相联系）。

即使没有这些形式的复原行为，亚历克斯也能通过挖掘个人的能量储备来工作一段时间。在某个临界点，这些能量会枯竭，他不能再保持对事物的正确看法或客观地看待它们。日积月累，他意识不到行为的无效，甚至会更顽固地扎根于他冰山模型的惯性行为。

像亚历克斯一样，如果我们让自己在没有充分复原的情况下达到这种耗尽能量的临界点，那就会严重影响我们的健康、幸福和表现。当生活不忙碌的时候，我们中的一些人得到了充分的复原。然后，当我们最需要能量的时候，那些能给我们带来平静和平衡的活动却被我们首先放弃了，我们把更多的时间分配给了眼前的挑战。看看亚历克斯是多么迅速地放弃了对他的情绪复原至关重要的教会活动，以及对他的身体复原至关重要的睡眠和健康食物的。

但我们发现，当事情进展顺利时，我们中的大多数人并没有真正考虑过复原的问题。我们要尽可能多睡觉，尽可能吃得很好。当空闲时，我们试图进行某种类型的养生。但是，我们大多数人都没有为复原做充分的计划，也没有把这四个方面纳入日常生活，这往往是因为我们认为自己不需要。毕竟，当表现良好、感觉很棒的时候，我们为什么要把看似不必要的复原力提上日程呢？

然后事情发生了变化。工作变得紧张了，或者我们的个人生活节奏被打乱了，或者像亚历克斯所经历的那样，同一时间发生了几件不同的事情。突然，在我们最没有时间或精力用来复原的时候，我们急切地需要复原。问题是，当我们真正需要复原力时，一切已经太晚了。我们已经处于能量枯竭的恶性循环，这抑制了我们学习和适应挑战的能力，导致我们的能量消耗得更快了。

应对挑战的最佳方式是在挑战或危机之前、之后和中间投资于我们的身心健康。简单地说，我们必须有意识地在电量耗尽之前给自己充电。就像那些持续投资于自己的身体、心理和情绪健康的运动员一样，我们都必须充满电，才能面对挑战。运动员不仅仅是从受伤和身体劳累中复原，他们管理自己的营养、睡眠、能量，以及训练和锻炼后的身体复原。为了达到最佳状态，我们需要全面地照顾自己，而不是等到需要复原时才发现为时已晚。

然而，我们和运动员有一个很大的区别，运动员知道什么时候会面临最大的挑战，他们会有计划地达到最佳状态。领导者经常受到挑战，而挑战的方式和频次往往出人意料，有时还会持续很长时间。因此，建立有效的复原程序作为我们日常工作的一部分就显得更加重要了。这样一来，当生活冷不丁给我们出个难题时，我们就有了所需的能量储备。

一些领导者认为，关注自己的身心健康是自私的，但事实恰恰相反。当身体非常健康时，我们更善于解决问题，发挥创造力，表达同情心，表现出复原力，并帮助他人度过困难时期。世界越是动荡、不确定、复杂和模糊，我们的复原时间就越容易被压缩，然而，当事情变得更加困难时，储备好这些能量就更加重要。

拨出我们的身体预算

即使在状态最好的时候，复原力对我们的身心健康、表现以及我们进入学习状态且练习"刻意冷静"的能力也是至关重要的。事实上，它是双向的。我们需要充分复原和为自己充电来练习"刻意冷静"，而练习"刻意冷静"可以帮助我们更好地复原，使我们不至于太快地耗尽能量。

让我们仔细研究一下为什么是这样的。回想一下我们前面讨论的预测过程，它在造就我们的情绪方面起着很大的作用。我们越是频繁地预测自己处于危险之中，或者承受着很大的压力，我们的大脑就越有可能继续做出类似的预测。换句话说，我们越是频繁地感受到威胁或压力，就越容易感知到威胁。一旦陷入这种反应循环，我们的身体就会处于焦虑和过度警惕的状态，从而不断将每一个内部和外部刺激都看成威胁，并做出反应。

正是我们对外部情境的内部反应决定了我们是否会进入防御状态，所以关注我们的内部环境至关重要。当我们的身体能量因睡眠不足、吃得不好或运动过猛而被耗尽时，我们的身体就会产生压力。这让我们更容易受到外部压力的影响，让我们迫近防御状态的边缘。

我们不是总能控制那些外部压力，但在很大程度上我们可以控制发生在我们身体内部的事情。事实上，无论我们是否意识到，为了避免陷入防御状态，我们都可以拉动的最重要的控制杆之一是照顾好我们的身体。这是我们精神和情感复原力的基础。

想象一下，我们的大脑总会自寻烦恼，不断地问："我是安全的还是受到了威胁？我需要做什么来保障安全？"我们大脑的功能是让我们生存下去，这是其最根本的关注点。当得到的答案是"你受到了威胁"时，无论是身体上的威胁、对实现目标的威胁、对身份的威胁，还是对情感安全的威胁，我们都倾向于在防御状态下做出反应。而当疲惫、饥饿或处于"低电量模式"时，我们特别容易做出这种反应。

如果有足够的意识能力，在这些时刻注意到我们正在转变为防御状态，我们就可以采取措施做出有效的反应。从眼前的情况中稍微抽身出来，使用简单的呼吸、视觉和发声技巧就能使情况得到改善。这可以减少我们的受威胁感，并释放出以前用来保护我们的能量，这样我们就可以学习新的东西，与他人联系，或者采用新的方式看待事物。

当我们的电池充满电时，我们就有能量更好地识别自己的挑战和缺陷。在一个实验中，"认知负荷"低的受试者能够自我识别并纠正自己的性别偏见，而那些认知负荷高、能量有限的人却无法做到这一点，并具有明显的偏见。这些人并不是天生就更容易有偏见，他们只是在当时缺乏认知能量，自己却没有意识到。[3]

确保我们拥有保持学习状态所需能量的一个简单的方法是照顾好自己的身体，这样我们的大脑就不会把内部压力信号误认为是我们受到了威胁。我们都知道，当饥饿或疲惫时，我们有多大可能被自己的情绪冲昏头脑。例如，2013 年的一项研究发现，睡眠质量差会导致情侣之间的争吵变得更加严重，可能会危及整个关系，无论其他因素（如压力、焦虑、抑郁或整体关系满意度）怎么样。[4]

在本书中，我们已经看到几个例子，领导者认为他们的胃痛、胸痛和其他身体症状是对外部压力的生理反应。看看亚历克斯和他的胃灼热就知道了。亚历克斯压力很大，他一直吃得很差，并开始频繁地出现胃灼热的症状，但他的大脑并不知道这些。

亚历克斯的大脑一直在忙着问："我是安全的还是受到了威胁？"它只是得到了他胸口疼的信息。对他的大脑来说，这是一个信号，表明他实际上可能受到了威胁，因此它迅速启动了压力反应。一旦感觉到这种生理压力反应带来的影响，亚历克斯就会给自己讲一个故事来解释正在发生的事情。我有压力，这导致了胃灼热。如果我周围的人能够站出来，我就不用面对这种胃灼热的问题了。当然，这个故事并不客观真实。亚历克斯也可以感受到自己的压力反应，并告诉自己，又是这种胃灼热的感觉，我真应该停止空腹喝咖啡。他可以告诉自己任何事情。

我们永远不会知道到底是什么导致了亚历克斯的胃灼热。这可能是他的压力和不良饮食习惯共同造成的。更重要的一点是，如果一直照顾自己并练习"双重意识"，亚历克斯就能更好地解释他的身体和大脑发出的信息，并利用这些信息改善大脑的预测过程。

莉莎·费德曼·巴瑞特用"身体预算"这一形象的比喻来解释大脑是如何为我们身体的能量做预算的。再读一遍这句话：身体预算不仅代表了我们身体中储存的能量，还决定了我们如何使用它。换句话说，我们的电池储存了能量，它们也决定了我们往哪里引导、分配和输送这些能量。在身体内部，根据的是我们思考和关注的内容；在身体外部，根据的是我们所说和所做的事情。这包括我们如何解释各种事件，我们根据预测过程构建的情绪，以及我们对什么是重要的和为什么重要的认知和信念。

从纯粹的预算角度来看，得到充分的复原有助于储存能量。当消化一顿大餐时，我们会消耗能量。当疲倦时，我们会消耗能量。当因整天出席在线会议而感到昏昏欲睡时，我们会消耗能量。甚至一些帮助我们睡眠的应对机制，如饮酒或疯狂地看电视，也会消耗能量。当睡前饮酒时，我们的心率会加快，心率变异性（一种衡量身体复原力的方法）会在夜间急剧下降。这会导致睡眠质量变差，从而导致能量减少。

为了发挥最佳功能，我们的大脑需要身体能量总预算的20%。[5] 当我们的身体能量预算不足时，我们的资源会更多地集中在我们的生存而不是认知表现上。这意味着，形象地说，当我们的电池电量低于100%时，我们没有足够的能量为我们的大脑充分供电。这影响了我们的情绪，左右了我们的思想和认知，并使我们更有可能预测自己受到了威胁，从而转变为防御状态。我们沟通能力变差，做不出正确的决定，因此，在电池没有充满电时无法进入学习状态也就不足为奇了。

很明显，这就是发生在亚历克斯身上的事情。他的身体能量预算正在减少，这使得他更有可能转变为防御状态，无论是在工作中，还是在面对他的孩子，或者面对他儿子的老师时。尽管他在任何一种情况下都有可能感到沮丧或愤怒（无论他休息和复原得多么好），但是他可能不会那么容易被自己的情绪左右。他本可以获得更多的能量，可以更清楚地思考并做出更好的选择。甚至他在去海滩的路上迷路的事情也可以部分地归因于他的大脑缺乏能量从而变得非常混乱。

然而，这个问题的复杂之处在于，我们需要注意到，并非所有耗尽我们能量的东西都是负面的。恰恰相反，例如，在学习状态下工作是积极的，但它需要大量的能量，这可能会使人精疲力竭。[6]

无论我们是在健身房锻炼肌肉，还是通过学习新知识来耗费我们的大脑，真正的成长都不是在我们积极活动，而是在我们深度放松的时候发生的。孩子们在睡觉时成长，因为这时他们在经历生长激素的释放。运动员在运动时肌肉会产生微小的撕裂，而在休息时，他们的身体会愈合这些撕裂的肌肉，让它们变强和生长。当学习新事物时，我们大脑中相应的神经连接在睡眠时得到加强，形成记忆。这意味着我们既需要从好的压力中复原，也需要从"坏的"压力中复原。

当我们处于不同的区域时，两个基本神经系统在我们的身体里一起工作。当我们处于熟悉区时，负责调节消化和恢复等身体功能的副交感神经系统（PNS）和为我们应对精神和身体威胁做准备的交感神经系统（SNS）处于平衡状态。当我们处于深度放松的状态时，副交感神经系统更占优势。当我们进入适应区或高风险的熟悉区时，交感神经系统成为主导。这两个系统对我们的生存都很重要，为了练习"刻意冷静"，我们应该努力使它们总体上保持平衡。这并不意味着我们总是需要避免压力。事实上，压力对学习、成长和发展是必不可少的。这只是意味着，在经历了任何形式的压力之后，我们应该争取找到时间来复原，以便学习和成长。

睡眠研究者纳撒尼尔·克莱特曼发现了快速眼动（REM）睡眠，他假设我们在睡眠和清醒时都有一个 80～120 分钟的基本休息周期。[7] 当清醒时，我们的脑电波在周期的前半段移动较快，我们感到更有活力、更专注。在周期的最后 20 分钟左右，我们的脑电波速度减慢，我们开始感到疲惫。其他专家，如安德鲁·休伯曼认为，理想的"学习"时间应该持续 90 分钟左右，因为这是大脑能够保持高度专注的时长。[8]

对我们每个人来说，最有效的时间表和日程以及复原模式都是高度个性化的，没有统一的复原路径。我们需要实验和试错来找出最适合我们每个人的方法。但是对我们这些渴望获得高水平表现的人来说，为了充分复原，并在熟悉区和适应区花费的时间之间保持健康的平衡，做好相应的计划至关重要。

追踪你的复原情况

要知道你的电池何时开始电量不足是很困难的。当然，最好是练习"双重意识"，这样你就会注意到你何时需要额外的时间复原。如果能有一个持续的复原练习，那就更好了，这样你的电池大部分时间都能保持满格的状态。但在现实世界中，我们都会失误，会不断地用尽自己的能量。幸运的是，既有一些低技术含量的方法，也有一些高技术含量的方法来跟踪你的复原情况，这样你就可以在必要时采取行动，迅速给自己充电。

进行每日测验

运动科学作家和研究员安德鲁·汉密尔顿要求运动员每天早上做一个六道题的测验，对诸如"我昨晚睡得很好"、"我感到精力充沛"以及"我的肌肉几乎没有酸痛"等陈述进行评分，从 1（非常不同意）到 5（非常同意）打分，然后将分数相加。当运动员的得分低于 20 分时，他建议运动员休息一天或转为轻度的"渐进式"训练，直到运动员的电池充满电。

　　对我们自己的情况进行类似的分析是很有帮助的，尽管我们同样强调身体、心理、情绪、社会和精神的复原。我们对汉密尔顿的测验进行了扩展，以帮助你评估和了解你的复原水平。每天早上，从 1（非常不同意）到 5（非常同意）对以下问题进行评分，然后把分数加起来。

1. 我昨天晚上睡得很好。

2. 我对这一天有明确的、目标清晰的规划。

3. 我很期待今天的活动。

4. 我对自己的未来感到乐观。

5. 我感到朝气蓬勃，精力充沛。

6. 我的饮食是健康和均衡的。

7. 我很少感到疲劳或倦怠。

8. 我可以专注于最重要的事情。

9. 我感觉与我生命中重要的人有联结。

　　如果分数低于 30 分，那就意味着你在各个方面还没有完全复原，你应该有计划地增加复原时间。

获得平行反馈

注意你从周围的人那里收到的有意或无意的反馈。如果他们不断询问你的健康状况，特别是在紧张的会议期间或之后，他们可能感觉到有什么东西"不对劲"。如果你能从以下任何一个人那里征求公开的反馈，效果会更好。

1. 你的同事。

2. 你的团队成员。

3. 教练或导师。

4. 你的家庭成员。

5. 你的亲密朋友或合作伙伴。

获得高科技反馈

可穿戴技术可以让你深入了解个人的复原模式。你可以追踪你的心率、血氧水平、睡眠模式、运动模式等等。其中一些技术包括一种特殊的算法，可以洞察你的压力水平。

　　具体来说，许多可穿戴设备可以追踪你的心率变异性，即心跳时间间隔的变化，这是一个衡量复原力的标准。虽然每个人都有自己的基线，但一般来说，你的心率变异性越高，你的复原力就越强，你的心脏在需要时就越能进行调整，加速或平静下来。低心率变异性是复原力下降、身体透支和心血管疾病的先兆。[9]你的心率变异性受到许多因素的影响，包括压力、睡眠不足、健身水平、营养、年龄和遗传等。在一段时间内跟踪你的心率变异性是了解你复原情况的一个好方法。如果你的心率变异性随着时间的推移而降低，那就表明你的复原力正在下降，你需要将额外的复原时间纳入你的日程。

缓慢而稳定

　　当我们结束与亚历克斯的教练合作时，他开始意识到他的电池电量已被严重耗尽，这导致他越发坚持自己的完美主义，控制欲也更强，尽管这些习惯显然已经不起作用了。在这一点上，亚历克斯不得不面对这样一个事实：有些事情必须改变，而且必须是他能够真正控制的事情。他不能让盖布早点儿回家，他不能强迫乔安妮回来为他工作，他也不能在一天中增加更多的时间完成所有的工作。但是，他可以下放更多的权力，他可以停止尝试自己做所有的事情，他可以寻求帮助，为自己争取一些时间。

亚历克斯感到非常失望。他真的以为他可以亲自做，而且做得很好，但显然他做不到。他不得不接受现实，他已经精疲力竭，需要真正的复原。这意味着有些事情他将无法按计划进行。如果继续这样下去，他将在某件重要的事情上失败，或许是几件重要的事情。经过深思熟虑，他意识到，他宁愿选择把几件重要的事情做好，也不愿意继续把所有事情做得很差。

为了做出这种改变，亚历克斯还必须面对他内心的冰山和他的信念，即如果想把事情做好，他就必须自己做，如果做不到，他就是一个失败者。这就是为什么当风险很高的时候，他变得如此具有控制欲和完美主义。他告诉史蒂夫，他不喜欢承认失败。

"承认你不是超人，并不是一种失败，"史蒂夫说，"拒绝面对你的极限，你是在妨碍你自己和你的团队。"史蒂夫停顿了一会儿，然后问道："如果你不再相信你必须亲力亲为才能把事情做对，那么会发生什么？"

亚历克斯仔细考虑了这个问题。"我会对我的团队和我自己更有同理心，"他说，"我可以更多地调动我身边的人，让他们有能力做出创造性的贡献，而不是仅仅执行我的设想。"亚历克斯又想了一会儿，他意识到："我想这将有助于我们所有人不至于筋疲力尽。"

有了这个洞察，亚历克斯被激励着诚实地审视自己的生活，并做出一些改变。他做的第一件事是雇用一个保姆，在盖布回家之前和他的家人待在一起。然后，他想到了自己在教育委员会的角色。亚历克斯真的很喜欢在董事会任职，但主席的责任实在是太多了。他做出了一个艰难的决定，辞去主席职务，继续留在董事会。

这让亚历克斯有更多时间进行快速锻炼，吃一顿真正的晚餐，每天晚上有更多属于自己的时间。作为一个有年幼孩子的高效率员工，亚历克斯已经多年没有真正属于自己的时间了，他不得不反思，当他不是一直工作的时候，他喜欢做什么。仅仅是每天晚上有点儿时间在后院品茶，反思一天的工作，感觉就像度假一样。

在史蒂夫的敦促下，亚历克斯也试图提高睡眠的优先级，但仅仅在晚上留出更多时间睡觉是不够的。喝完茶后，亚历克斯会抓紧时间看电子邮件。不管什么时候睡觉，他都会辗转反侧。一段时间后，他告诉他的团队，他晚上八点后不会查看任何电子邮件。他希望这不仅能帮助他入睡，也能帮助团队的其他成员复原。

从手机中解放出来后，亚历克斯养成了一个晚间的习惯——喝完茶后，他会想一想他所感激的三件事，以及他为什么感激它们。然后他准备上床睡觉，在入睡前读一本小说。这样做了几个星期后，他能够在不服用安眠药的情况下入睡了。

在工作中，亚历克斯决定对 NPS 计划进行排序。目前，他将专注于两个最大和最有影响的项目——空乘人员培训和在线值机系统的更新。他们将在一个月后推出另外两个项目，之后每个月推出两个。亚历克斯对他不能立即完成所有工作感到失望，特别是因为这意味着他无法实现在一年内将 NPS 提高到 50 分的目标。但他也意识到，这将帮助他的团队集中精力，也避免自己疲惫不堪。他认为，也许他从一开始就应该这样做计划。

在与他的团队讨论了这一计划，并告诉他们他希望他们对其余的计划提出意见和反馈之后，亚历克斯与人力资源部门的负责人和信息技术部门的产品开发负责人一对一地坐下来，告诉他们他非常需要他们来帮助推出这两项新计划。他解释了这两个项目对客户体验有多重要，并说他要把推广工作交给他们来做。他们对项目的愿景很清楚，从现在开始，这两个部门的负责人需要和他们的团队一起处理推广工作。这将使亚历克斯能够专注于与自己团队的合作，把剩余的工作做好。

亚历克斯复原得越来越好，在工作和家庭中表现得也越来越好，但他仍然感到沮丧。他希望能更快地推进他的计划，并带来更大的影响。但是在下个月末，他得到了一些好消息。几个月来，NPS 第一次由负转正，不过只达到了 2 分。这比他想要的

50 分要低得多。但亚历克斯认识到，当他试图什么都做时，分数根本就没有提高。至少现在事情正朝着正确的方向发展，尽管很缓慢。而且随着渐渐复原，亚历克斯能够在他的工作中再次找到成就感，并享受与孩子们在一起的时光。

那天晚上，在为利奥和阿比盖好被子后，亚历克斯给他们讲了一个故事。"缓慢而稳定地赢得比赛"，他读的是龟兔赛跑的故事。然后他合上寓言书，分别在他们的额头上亲了一下。亚历克斯意识到，这是一个对自己很好的提醒。通过削减开支和直面放慢速度的实际后果，亚历克斯创造了一个更可持续的业绩。也许这样一来，他们最终会赢得 NPS 的"比赛"。

制订你的复原计划

规划你自己的复原计划中最重要的部分是了解哪些活动和日常安排会给你带来能量，哪些会消耗你的能量。我们都需要充足的睡眠、运动和营养，但影响复原的其他要素因人而异。例如，内向的人可能会发现和朋友出去玩很耗费精力，而同样的活动对外向的人来说可能是充满活力的。观察自己一个星期，

然后记下你的日常活动是如何使自己精力充沛或疲惫不堪的。这样你可以制订一个计划，最大化你的充电速度。

要想开始，请想一想以下哪些活动能让你精力充沛，哪些会让你筋疲力尽：

1. 通勤。

2. 参加小组会议。

3. 参加一对一的会议。

4. 参加线上会议。

5. 注意力高度集中地独自工作。

6. 与同事出去吃午饭（单独列出）。

7. 与一群朋友共度时光。

8. 与特定的朋友共度时光（单独列出）。

9. 独处的时间。

一旦对什么能给你充电，什么能耗尽电量有了一个概念，你就可以考虑如何更好地安排你的每一天和每一周，使你的充电速度最大化。

发展"双重意识"

真正且持久的变化，都是一步一步完成的。

——露丝·巴德·金斯伯格

    西蒙娜根本无法相信她听到的事情，她看着她的产品设计负责人乔纳森，失望地摇了摇头。他们所在的医疗保健公司正在进行数字化转型，包括开发新的软件，改变他们公司与医疗保健供应商和患者的接触和服务方式。西蒙娜是一名高级副总裁，负责开发新软件、应用程序和功能，以及将这些产品嵌入相关业务。至关重要的是，客户开始大规模使用这些新产品来满足市场需求，拓展业务，让公司获得宝贵的患者和医疗保健数据。在公司更多地转向数字化和智能化解决方案的过程中，这对公司的整体战略转型至关重要。

    几个月来，西蒙娜所领导的两个部门一直关系紧张、分歧不断和闹情绪，她已经感到无可奈何。她尽其所能地协助她的员工，当团队有人筋疲力尽之时，她经常会自己熬夜完成工作。但是，无论她做什么，团队成员似乎都不能把事情做好，而且他们越来越落后于计划。现在，乔纳森告诉西蒙娜，他的团队在最新的软件迭代中漏掉了一个最重要的功能。最糟糕的是，乔纳森是在向团队其他成员展示更新版本的当天告诉她的，而那时她已经来不及做任何事情了。

"为什么我现在才听说这件事？"西蒙娜问道，略微提高了她的声音，"我本来很乐意出面解决这个问题，但现在已经太晚了，我们的项目在这次会议上会被认为是一个失败。"她继续说下去，似乎没有喘息的机会，声音越来越大："如果我们不能让新版软件落地，他们可能就会决定砍掉整个项目，我们都可能失业。"

西蒙娜讨厌这样被蒙在鼓里，她的团队也知道这一点。为什么他们总是让她失望，在最后时刻把问题带到她面前？无论她做什么，各种意外情况都会出现在她面前。或者，也许这个团队就是不能胜任这项任务，她需要找到新的项目负责人。

乔纳森叹了口气，他收拾好自己的物品，离开了西蒙娜的办公室。他知道，他应该早点儿告诉她这个缺失的功能。相反，他一直专注于他的团队能够做出的其他各种改进，包括加速测试用户认为非常有吸引力的几个功能。在他看来，有很多地方他们都做得很好，这些功能的价值已经超过了那个缺失的产品功能。但他从未与西蒙娜进行过这样的谈话，因为事实上，他一直在担心她的反应。

每当团队遇到挫折或障碍时，西蒙娜就会变得焦躁不安，最后使情况变得更糟。他和他的团队不想让她失望。当他们觉得事情没有完全按照计划进行时，他们会想办法避免让她失望。在这样重大的转型时期，事情很少能按计划完美进行。挫折是不可避免的，但每当他们提出一个问题时，西蒙娜就会感到失望，并直接预测最坏的情况，这让团队感到士气低落。结果是，即使早点儿向西蒙娜提示问题会让她有机会伸出援手，让大家有可能把事情一起做好，乔纳森也想自己解决各种问题。从西蒙娜的角度来看，她所做的一切都是正确的，她向团队展示了自己的关心并不断提供帮助。她提出棘手的问题，找到问题的根源并取得成果。然而，乔纳森认为，即便西蒙娜没有直接给团队带来问题，她也是导致问题的原因之一。虽然她指责团队没能更早地反馈问题，但乔纳森认为，她自己的强烈反应放大了许多问题。

意识水平第一层级：
无意识——意识不到内部状态或外部环境

从无意识到习得"双重意识"，西蒙娜处于意识水平五个层级（见图7-1）的第一层级。在第一层级，西蒙娜在很大程度上是随心所欲地做事的。她从自己的视角看世界，并假设她看到的就是客观事实，而且在大多数情况下，她的反应是恰当的。她基本上没有意识到她内心隐藏的冰山和行为模式，而且她对自己的行为对自己和他人的影响视而不见。

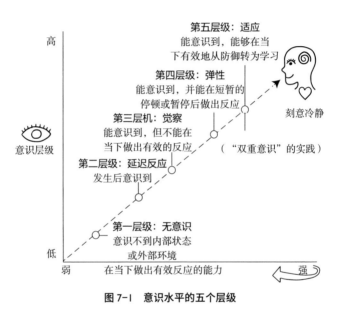

图7-1　意识水平的五个层级

当她的团队成员遇到挫折和挑战时，西蒙娜很想帮助他们，但她没有意识到她的行为是如何阻碍他们向她寻求帮助的。西蒙娜把这归咎于他们自己的行为和领导力问题，却没有看到在很多方面这实际上是对她的行为和领导力的回应。这就是为什么同样的挑战在多个团队和不同的情况下不断出现在她身上。

在这种状态下，基于我们所看到的情况而做出的反应、情绪和行为在我们意识水平的范围内都是完全符合逻辑的。我们认为，问题的起因是外部的。我们往往不会停下来看看我们自己是如何造成眼前的局面的，或者看看我们的内心发生了什么才导致我们做出这样的反应。在解释、感受和思考某种情境以及做出反应时，我们也没能看清我们到底有多少真正的选择。

有趣的是，在这个意识层级上，我们常常以完全相反的方式看待其他人。当观察别人的行为时，我们把它视为他人个性、能力、选择或性格的反映，可到了自己身上，我们却经常把自身行为归因于外部环境。我们以自己的意图判断自己，却以别人的行为判断别人。在社会心理学中，这被称为"基本归因错误"。

当观察别人的行为时，我们往往看到的是他人的外在表现，而对他们的背景了解不多。因此，我们把他们的行为更多地归因于人，而不是他们所处的环境。然而，当观察世界并决定我们应该如何行动时，我们所处的场景是首要的。因此，我们把自己的行为更多地归于环境因素，以我们自认为适当和合理的方式行事。当犯这种错误时，我们更有可能为自己的行为找借口，为自己开脱，对别人的行为进行批评和指责。

然而，真相介于两者之间。每个人的行为都是个人和他们所处环境之间复杂作用的结果。外部环境不断地影响着人，但人本身也在不断地塑造自身的环境。在我们的意识中，我们认为自己的处境是客观真实的，但其他人对同一情况的看法和反应可能完全不同。由于我们的许多认知和情绪处理都是在潜意识中进行的，所以我们并不清楚我们在多大程度上塑造了自己所处的环境。

当开发自己的"双重意识"时，我们能够放慢速度，更好地观察自己所处的环境、我们的内在反应，以及相应的行为。当对自己身上的这种动态变得更加了解时，我们也会对其他人的行为产生同理心。这对我们自己的意识有额外的影响。当有意识地以同理心行事，并对其他人的观点敞开心扉时，我们可以洞察自己的行为及其对他人的影响，增强我们的自我意识。

那天下午，在向团队介绍新版产品的会议之前，西蒙娜收到了乔纳森的短信。"嘿，西蒙娜，"上面写道，"对于这次会议，如果你有很多批评意见，如果你能缓一缓，会议之后再告诉我就太好了。然后我将在团队状态更好时与他们分享你反馈的意见。"

西蒙娜重读了信息，感到有些困惑。乔纳森的要求似乎很合理，但她有一种不安的感觉，也许事情并不像看上去那样简单。也许，她意识到，这条信息反映了她应该如何与团队互动并给予有建设性的批评意见。

她只是简单地回复："好的。"但在会议结束后，西蒙娜把乔纳森叫到她的办公室。"在我给你反馈意见之前,"她说,"我想知道团队发生了什么事,会让他们如此脆弱,以至我们必须会后做这件事。或者我可以用不同的方式来表达我的批评,这样我就不必把所有的负面信息都告诉你,然后让你分别转达给他们。"

乔纳森认识到这是一个机会,他可以说一些他已经憋了很久的话,但他也对西蒙娜的反应感到有些紧张。他小心翼翼地试探着。"也许你可以试着不要把你的沮丧表现在脸上,"他犹豫着说,"并尽量保持平静的语气。我的团队不喜欢让你失望,而当你看起来很沮丧时,他们可能真的很难敞开心扉。"

"我挺冷静的,不是吗?"西蒙娜问道,"我的意思是,我不是在大喊大叫,我们只是在说话。"

"也许你没有注意到,"乔纳森回答说,"但是当你感到沮丧的时候,你会开始加快语速。你可能不会大喊大叫,但你的声音高了八度,而且你开始有点儿咬牙切齿,这让团队感到很紧张。"

西蒙娜确实还没有听别人这样说过。"好吧,"她说,她深吸一口气,点点头,因为她接受了他的话,"还有什么?"

"嗯,"乔纳森缓慢地说,"当你提到如果我们失败了可能产生的所有可怕的后果时,那真的很残酷。风险已经够大了,团队成员已经感觉到了自己的责任,他们不想让你失望。你不需要把最坏的情况都说出来。"

"比如什么时候？"

"在上次关于新技术的团队会议上，你说如果它失败了，基本上整个公司都可能垮掉，"乔纳森轻声说，"我的一个员工在那之后哭了，她担心会失业。"

"哦。"西蒙娜沉默了一会儿。"我没有意识到这一点。谢谢你，乔纳森。"她说，"我会再考虑一下这个问题。"

当天晚上，西蒙娜失眠了，因为乔纳森的话在她脑海中挥之不去。起初，她想知道乔纳森和他的团队是不是过于敏感了。为什么他们对一个面部表情的反应如此强烈？但她不得不承认，他的话确实触动了她，其中一定有一些道理。她想知道是否有可能是她造成了团队的问题。

第二天，西蒙娜与团队中的五位高管坐下来讨论新软件的最新版本。当需要使用该产品的业务方对其反馈意见再次被忽视感到愤怒时，他们大发雷霆。负责将该软件嵌入业务并获取关键数据的管理者之一玛雅在会议期间站了起来。她对乔纳森说："你就是不听，你又没有采纳我们的反馈意见！我们不能用这个！"

"但我们确实采纳了你的反馈意见，所有的意见！"乔纳森说，"它并不完美，但它能用。你们优先考虑的每一个必要的功能都有。尽管我们说这个版本只能包含两三个新功能，但我们还是嵌入了全部六个功能，而且它们都能正常运行。你的要求完全不现实。"

"再说一遍，你没有听到我说的话，"玛雅说着坐了下来，看起来很气愤，"如果我们的用户必须做那么多操作，而且获取报告的方式那么反直觉，而最终到达界面后，报告又那么难懂，那还有什么意义？它需要的是一键式、简单、直观。"

西蒙娜一直试图让他们沟通解决这个问题，但她不能再看着他们这样来回折腾了。"够了，"她插话说，"别再互相指责了，承担起责任，一起解决这个问题。如果这是最重要的事情，玛雅，那么我们为什么要尝试做六个'必要'的功能，而不是只做一个并把它做好？乔纳森，说实话，把六个功能勉强做出来是最糟糕的。你知道要让用户接纳这项新功能并将其整合到他们的服务模式中已经存在巨大的障碍了，而现在我们正在失去那些已经转化的少数用户。玛雅，你和你的团队需要停止创建不切实际的愿望清单，把注意力集中在少数关键的事情上。如果这份报告真的那么重要，你应该与乔纳森的团队合作，对你要求的功能做好建模，而不是把任务丢给团队就不闻不问了。而乔纳森，说实话，我同意玛雅的看法，你没有在听。显然，这太笨拙了，而且报告本身没有视觉吸引力，很难阅读，这有什么意义？而现在，我们就在悬崖边上。如果我们每增加一个新客户就会失去两个老客户，我们还不如收拾东西回家。现在开始一起想办法解决问题吧！"

就这样，西蒙娜起身冲了出去，她心跳加速。她告诉自己，这正是他们需要的严厉的爱。但是，当西蒙娜回到办公室后，她关上了门，带着一种沮丧的感觉坐了下来。她想知道，这就是乔纳森所说的那种行为吗？她希望她能收回自己说过的话，或者至少能用更平静的语气说出来。她也在想，她究竟有多少次是这样做的。西蒙娜敏锐地意识到，乔纳森昨天刚刚给了她这个反馈，而她在第二天就表现出了他提到的行为。也许她这样做的频率比她想象的要高……

意识水平第二层级：
延迟反应——发生后意识到

对西蒙娜来说，乔纳森的反馈已经开始弥合她意识水平第一层级和第二层级之间的差距，即我们在事后意识到我们已经在防御状态下采取了习惯性的、往往是无效的行为，然后希望自己能以不同的方式说或做某些事情。

接受负面反馈可能很难，但反馈加上反思可以帮助我们意识到我们此前忽略的无益的行为模式。正如人们所说，反馈是一份礼物，而且，像西蒙娜所经历的那样，最伤人的反馈往往是最好的礼物。当自觉或不自觉地知道这种反馈是对的时，我们往往会有一种不舒服的刺痛感。如果我们留心感受，这种不舒服就是一个信号，是我们学习的机会。

反馈可以有许多不同的形式。我们通常倾向于认为反馈是一个人明确给另一个人的意见，但我们还有许多其他方式可以寻求反馈，以洞察我们自己和我们的行为对他人的影响。例如，我们可以通过仔细观察他人的反应，通过询问别人对我们所说或所做事情的感受，或者通过追踪我们得到或没有得到的与我们的意图相关的结果来获得被动的反馈。

然而，接受反馈并不意味着我们必须同意对方的意见或按对方的意见行事。把反馈视为一份礼物。如果你的阿姨送给你一件不好看的毛衣作为节日礼物，你可以接受并感谢她，但这并不意味着你必须穿它。那件毛衣可能是她品位的反映，但不代表你的品位。提供反馈的人是在他们自己看不见的冰山上行事，所以他们的看法也不客观。没有人的看法是客观的。但如果我们愿意听，他们的反馈仍然可能包含重要的信息。即使我们认为某个反馈被对方对现实的看法严重地扭曲了，知道这个人（以及潜在的其他人）是这样看问题的也是有帮助的。因此，真的不存在无益的反馈，即使它是完全不准确的。

1955 年，心理学家约瑟夫·勒夫特和哈林顿·英厄姆发明了一个名为"乔哈里视窗"[1]的工具，帮助人们了解他们与自己和他人的关系。乔哈里视窗包括四个象限（如图 7-2 所示）：别人知道但我们不知道的关于我们的事情（盲点区）；别人或我们不知道的关于我们的事情（未知区或未发现的信息）；我们知道但别人不知道的关于我们的事情（隐藏区或私人信息）；我们和其他人都知道的关于我们的事情（开放区或共识）。

开放区越大，我们和另一个人之间的关系就有可能变得越有效。当我们倾听他人的反馈时，我们通过缩小盲点区来增加开放区。而当我们与他人公开分享自己的信息时，我们通过缩小隐藏区来增加开放区。未知区或未发现的信息是我们隐藏的冰山所在的地方。要缩小未知区或未发现的信息，然后与他人分享这些信息，以便将其移至开放区，这需要深入反思和内在努力。

图 7-2　乔哈里视窗

通过拨动乔纳森反馈的这根弦，西蒙娜增加了他们之间的共识空间，并意识到自己的一个盲点区。回到办公室后，她对会议进行了反思，并意识到她曾感到失望和沮丧，并公开表达出来。她说得又快又大声，她关于"收拾东西回家"的结束语可以被视为要关停整个业务，把最坏的情况变成了灾难。这一切与乔纳森的反馈非常一致。

西蒙娜考虑了她可能采取的其他回应方式。她本可以平静地提出问题，试图帮助解决合作和优先级的问题。她本可以讲讲帮助医疗服务供应商和改善患者的治疗效果的意义，而不提可能会关停项目那句话。她本可以谈一谈创造性解决方案，以短期内把报告提升成用户真正想要的东西，并询问她如何帮助团队加快这一进程。她真的希望自己做了那些事情。但她做了相反的事，她担心自己可能会让糟糕的情况变得更糟。

虽然她当下还没有意识到这一点，但这第二层级意识水平下的后知后觉是西蒙娜学习过程中的关键。

意识水平第三层级：
觉察——能意识到，但不能在当下做出有效的反应

很快，西蒙娜开始时时注意自己的行为模式。当收到令人失望的消息或对团队的工作汇报不满意时，她会开始控制自己。她开始意识到一些警告信号，比如下巴绷紧，心跳加速。她开始注意到她的自我叙事实际上是在指责别人，并形成恶性循环直到达到最坏的情况。"哦，不，"她开始意识到了，"我把我的挫败感

表现在我的脸上了，不是吗？我可以看到团队对我的表情和说话的语气有反应。他们都在听，而且看起来他们都在退缩，因为他们担心我接下来会说什么。"

这是西蒙娜意识水平的第三层级。她正在观察当下的自己，意识到引发她进入防御状态的情境，以及她在这种状态下表现出来的习惯性感受、想法和行为。她也在学习识别那些转入防御状态的线索。这些线索可以来自我们的身体，我们的思想，和 / 或来自我们对自我行为的观察。

我们在转向防御状态时，来自身体的线索包括肩部、颈部或腹部的紧绷，颤抖，手心出汗，咬紧牙关，从胸部而不是腹部呼吸，心率加快，呼吸变浅。我们在转向防御状态时，来自思想的提示往往包括消极的想法，特别是关于其他人的想法，以及捍卫我们自己的真理。从自己的行为来看，我们正在转向防御状态的线索可能包括语气的改变、大喊大叫、固执和回避。当练习从远处观察自己时，我们可以越来越快地学会识别我们是否正在转向防御状态。

像我们中的许多人一样，西蒙娜在这个意识水平上有点儿卡壳。看着自己以一种明明知道可能无益的方式行事，却又觉得无法转变，这可能会让人感到非常不舒服。这就产生了认知失调，感知到了不一致或矛盾的信息。[2]我们自然倾向于减少认知失调。其中一个做法是改变我们的行为，但指责、否认或自我辩解会更容易，这不会让我们感到不适。但本质上，这会使我们回到防御状态。如果我们能与这种不适感共处，它就会成为通向更高层次意识水平的入口。

在这个层级上，有时西蒙娜能够抑制自己的反应，例如，她比原来喊得更小声了，但总的来说，她仍然处于防御状态，不知道如何转为学习状态。她试图在行为层面进行干预，但她的信念和心智模式仍在驱动她的旧行为。为了创造真正的改变，她必须看一看她的冰山水面以下冻结的是什么。这就是为什么我们下了决心却又经常做不到。我们做出了行为改变的承诺，却没有看清这种行为的驱动因素。随着时间的推移，西蒙娜开始思考：到底是什么让我如此沮丧，以至我不再帮助我的团队？

西蒙娜在公司里有一个亲密的导师，名叫马西娅，她邀请马西娅一起吃午饭。在吃饭时，西蒙娜向马西娅介绍了她和团队的情况，包括她最近意识到的行为。"我试图领导他们，指导他们，"西蒙娜告诉马西娅，"但有时我无意中却挫伤了他们的工作积极性。我感到非常沮丧。当我觉得我们落后的时候，我就会控制不住自己。"

马西娅问道："你到底想改变哪些行为？"

经过一番思考，西蒙娜说："我不想提高我的声音，我不想小题大做，也不想如此公开地表达我的情绪，尤其是我的失望和沮丧。"

"嗯，"马西娅说，"好吧，那你想怎么做？"

西蒙娜考虑了一会儿。"多问问题，保持冷静和积极，并在不吓到团队成员的情况下激励他们。"西蒙娜又想了一会儿，"我不是故意的，但是当事情进展不顺利的时候，我想我的团队会觉得我很生气，对他们很失望。"

"在那些时刻，你和你的团队有什么感觉？"马西娅问，"你是否真的感到愤怒和失望？"

"是的。"西蒙娜毫不犹豫地说。

"对你的团队？"

"嗯，是的，不，不完全是。"西蒙娜小心翼翼地说，然后她停顿了很久，发出长长的叹息，"说实话，我曾经对团队成员感到沮丧，但在这种情况下，我真的对自己感到愤怒。我觉得如果我是一个足够好的领导者，我应该能够带领团队找到答案，更好地合作，这样就不会有那么多的意外和挫折。在内心深处，当这种情况发生时，我觉得自己是个失败者，我开始变得相当情绪化。我想解决这个问题，但我不知道怎么做，所以我的挫折感和焦虑程度会急剧上升。"西蒙娜停顿了一下，然后说："我想我一直在坚持这样的想法，即我个人要对团队中发生的一切负责，所以当事情进展不顺利时，我就会责怪自己。"

西蒙娜已经明确了她的默认心智模式：我要成为一个高效的领导者，我的团队需要成功，并兑现他们的承诺。当以这种心智模式行事时，如果发生一些负面的或意外的事情，西蒙娜就会做出情绪化的反应，因为她认为自己的自我价值受到威胁，而且风险似乎很大。

需要明确的是，问题不在于一种心智模式是对还是错，问题是这种心智模式是否在为我们服务。它是否引发了能产生我们想要的结果的行为？西蒙娜关于领导力的心智模式有时对她很有帮助。它帮助她在许多困难的情况下挺身而出，积极主动地承担起责任。但是现在，西蒙娜是一个面临着更多适应性挑战的高级领导者，她已经脱离了日常的工作细节，需要通过她的团队交付结果。她的角色和处境已经超越了她旧有的心智模式。

马西娅和西蒙娜讨论了在这种情况下还有哪些思维方式可以更好地服务于西蒙娜。最后，西蒙娜说："作为一个领导者，我的工作是创造一个开放的学习环境，让我的团队能够快速地发现不足或偏差，共同努力解决问题并交付结果。我的作用是指导和引导他们，帮助他们消除障碍，帮助他们从根本上解决问题，同时替换那些不能胜任的领导者，而不是不放权，也不是把我作为领导者的价值建立在他们的交付能力上。"

马西娅和西蒙娜随后讨论了如果西蒙娜以这种心智模式工作可能会发生什么。把我们自己想要做出的行为想象出来是很重要的，因为它会在我们的大脑中创造新的神经连接。[3]"我会努力且冷静地推动团队，"西蒙娜说，"以提出问题的方式让他们感受到启发，这意味着我有很高的期待，有好奇心和同理心，但摒弃了个人成见。所以，希望团队能直面我给他们的挑战，而不会觉得那是针对他们个人的或者让他们转入防御状态。"

意识水平第四层级：
弹性——能意识到，并能在短暂的停顿或暂停后做出反应

西蒙娜努力地尽她所能，展现出她所期望的领导行为，不再增添她团队中的紧张气氛。有时，她能做到，但在面对挑战或挫折时，她仍然经常感到不安，并发现自己被情绪左右，重新回到防御状态。

这种情况发生了几次后，西蒙娜开发了一个"技巧"：她在会议上观察自己，当发现自己情绪激动时，她不会立刻做出反应，而是"暂停"一下，她会去洗手间，或者建议团队休息一下。当独处时，她会做几次深呼吸，用冷水洗下脸，并评估她的内心和外部环境。她问自己感觉如何，为什么会有这种感觉，然后她让自己接纳这些情绪。她惊讶地发现，当这样做的时候，她的情绪通常很快就会消失。

一旦冷静下来，西蒙娜就会通过重新审视眼前的情况来引导自己。她不再想着作为一个领导者她可以指责谁，或者指出她的

团队目前的问题，而是开始问自己，她可以从中学到什么，以及她如何才能最好地指导她的团队应对这一挑战，找出一个积极的解决方案。

这些短暂的休息帮助西蒙娜重新定位，选择最佳的反应，而不是基于情绪采取行动。她越是成功地做到这一点，越是能够冷静地应对意外和挑战，她的团队成员之间的紧张关系就越能得到缓和。会议中大家有了更多的对话，更少的沉默、忍耐和指责。通过练习，西蒙娜能够更快地完成她的重构过程。

不过，有时西蒙娜仍然会在"暂停"之后做出情绪化的反应。当事后反思这些时刻时，她意识到当她在没有完全接受现状的情况下采取行动时，这种情况往往就会发生。我们教授的是一种叫作"意识、暂停、重构"的技巧，意识的一个关键点就是不仅要形成对自我的觉察，还要形成对环境和形势的感知，并接受这种感知。这就是我们发展"双重意识"的方式。

作为领导者，我们往往希望尽快向前推进工作并找到解决方案，但在压力大的时候，为了更快地前进，暂停是必要的。放慢速度以加快步伐。适时的暂停可以让我们从眼前的挑战中抽身，因此避免陷入防御状态，让我们的大脑发挥它的执行力，帮我们探索新的选择和应对方式。像这样，我们做得越多，就越能打破在压力下被激活的固有行为方式，并创造空间去采纳新的视角，让我们能够以不同的方式看待和回应这个世界。

这是一个动态的过程，并不总是线性的。当开始培养意识能力时，我们很少从一个层级直接进入下一个层级，相反，我们经常会随着自己的背景和环境的变化而退后一个甚至两个层级。这就像我们在玩儿童棋盘游戏"滑道梯子棋"一样。我们通过练习和努力工作爬上梯子，然后当面对新的适应性挑战，以不可预见的方式激活我们隐藏的冰山时，我们又从滑道上滑了下来。我们一次又一次这样做，但即使一路滑下来，我们也不是完全重新开始。每次当开始攀登一个新的阶梯时，我们的速度都会比之前快。

身体和认知的干预措施

在做出反应之前暂停一下是迈向"刻意冷静"的重要一步，但暂停期间我们做什么同样重要。首先，我们可以利用一些技巧来中断身体的压力反应。然后，一旦处于生理上的平静状态，我们就可以使用重构技巧。通过这个循环，即使面对最复杂的挑战，我们也可以从防御转向学习。

身体技巧

这些快速而简单的干预措施可以帮助我们在当下

平静下来，这样我们就可以选择最佳的反应。当意识到这一点时，我们将能够越来越快地终止压力反应，直到我们的身体根本没有机会做出反应，我们才重新构建对当下情境的解释并选择最佳反应。在达到这一点之前，或者当环境不可避免地让我们措手不及时，实施一个或多个技巧可以抑制压力反应，使我们的身体为学习做好准备。

聚焦呼气

我们都知道，深呼吸可以帮助我们平静下来，但实际上是呼气减少了身体的压力。吸气比呼气长的深呼吸会增加心率，使人处于压力状态。一些运动员会在比赛前使用这种技巧让自己紧张起来。而呼气比吸气长的深呼吸会降低心率，减轻身体压力。

斯坦福大学神经科学家安德鲁·休伯曼建议，用"生理性叹息"来迅速平静神经系统。要做到这一点，用鼻子快速吸两口气（吸气、暂停、再吸气），然后用嘴长长地呼气。连续做两三次，在感受到压力的第一时间迅速让身体平静下来。[4]

全景视野

当处于防御状态时，我们会形成隧道视野。为了保证安全，我们会专注于舒适和熟悉的事物，而看不见存在于我们视野之外的新信息和可能性。这是一个比喻，但从字面上看也是如此。放大并打开我们的周边视野，将全景尽收眼底，可以缓解我们生理上的压力反应。

要练习这个，你可以直视前方并坐到椅子上，以便你能看到整个房间。然后把注意力集中在更大的画面上，尽你所能地向左向右看。休伯曼建议每天花2~10分钟练习这种全景式视野，以保持平静的状态。在紧张的时刻你也可以这样做让自己迅速冷静下来。

移动

当处于压力状态时，我们的身体已经做好了战斗或逃跑的准备。我们可以通过移动身体来释放一些压力，而不是让自己坐着不动。即使是轻快地走5~10分钟也有帮助。休伯曼解释说，当我们这样做时，我们的身体认为我们正在采取积极的行动来解决我们的问题，并通过释放多巴胺来奖励我们。此外，在走路时，我们的眼睛会自然地从一边移到另一边，我们将周围环境尽收眼底。这两件事加在一起，有助于我们在压力大的时候更加冷静和理性地思考。

平静地说话

平静地说话可以为你自己和你周围的人创造一种镇静效果。[5] 有各种方法可以让你的声音更加"平静"。例如，说得更慢一些，在单词和句子之间多停顿，降低你的音量，甚至稍微降低你的音调。即使周围没有其他人，用平静的声音大声说话，也会让自己舒缓下来。唱歌、哼唱、吟诵或漱口等发声技巧可以减少身体的压力反应。正如美国哲学家、历史学家和心理学家威廉·詹姆斯所说："我不是因为高兴才唱歌，我是因为唱歌才高兴。"

深呼吸

缓慢而深沉的腹式呼吸通过让更多的氧气进入血液，放松紧张的肌肉，减缓心率，降低血压，从而使身体平静下来。它还能帮助我们找到一个自然、平静和较低的音调。当有压力时，我们经常会从胸腔开始呼吸。在这些时刻，练习腹式呼吸。在理想的情况下，最好也用一下上文提到的聚焦呼气的方法。

重构的技巧

我们看待自己所处情境的方式会大大限制或扩大我们的选择。当被情绪驱使时，我们一般不会意识到我们是如何构建我们所处的情境的，并自认为是在客观地看待问题。当然，事实并非如此。先暂停一下，对我们的生理压力反应进行干预，可以帮助我们意识到我们是如何在心理上对不同情境进行构建的，如果有必要，可以从不同的角度看问题。以下是一些简单的重构技巧，可以帮助我们打开思维，进入学习状态。

视挑战为机遇

在防御状态下，我们倾向于消极地看待事物，将挑战或意外视为问题。但是，即使把某件事情描述为问题，也会限制我们的应对方式。虽然有些事情客观上是问题，但许多事情也可以被视为机会。这种简单的重构是很有力量的，可能会开启一系列全新的可能性。

首先尝试理解[6]

我们经常因为对其他人的想法或感受的主观假设而感受到压力。但我们真正了解的只是我们自己的参照系。暂停这种做法有助于我们保持开放的态度，这样我们就可以尝试理解正在与我们交流的其他人面临的情况。适用于我们的"现实"并不总是适用于其他人。他们有自己的背景和隐藏的冰山，这导致他们以某种方式行事，他们的想法和感受可能与我们自己的或我们假设的非常不同。简单地询问别人发生了什么事以了解更多背景，可以增加我们之间的共识。这可以帮助我们冷静下来，对不同的现实敞开心扉，防止我们的冰山撞上对方的冰山，产生不必要的摩擦。

激发好奇心

向自己或他人提问会让我们放慢脚步，进行反思，并调动我们大脑的执行力。[7] 它也使我们不至于顽固地以同样的方式做出反应，迫使我们看到新的可能性。作为领导者，当把自己视为必须拥有正确答案的专家，而不是好奇地提出正确问题的学习者时，我们将无法适应眼前的情境。一旦摆脱了专家的身份，我们就能以新的、有成效的方式搜集信息，灵活地驾驭不确定性。

举几个开放性问题的例子：

1. 还有哪些可能性是我们没有看到的？

2. 我们还应该考虑哪些问题？

3. 我们 / 我可以向谁寻求帮助？

4. 现在最需要关注的是什么？

连接意义

当感觉到强烈的甚至是消极的情绪时，通常是因为在这些感觉之下，我们有一种对当前问题或情况的深切关心。如果不关心某件事，我们就不会对其产生太多的情绪。在紧张的时刻，问自己"为什么这对我很重要？"是很有帮助的。这往往能使我们找回最初的意义，与这种更深层次的意义感相连接，这样一来，在看待发生在我们身上的事情及其原因时，我们就能做出不同的自我叙事。

暂停

我们中的许多人会感受到需要立即对当下的情况做出反应的压力，但当我们有压力或情绪时，这并不总能带来最好的结果。与其退缩或回避采取必要的行动，不如有意识地决定当下不采取行动，这可能是一种解脱。正如人们所说，不做就是做。当然，有些情况确实需要立即采取行动，但许多情况不需要。当觉得有必要介入并控制局势时，我们发现问自己三个问题以确定最佳的回应方式是有帮助的：

1. 这绝对需要说或做吗？

这会把我们的注意力从我们想做的事情上转移开，并围绕着具体情况的需要来重新构建它。

2. 这需要由我说或做吗？

　　花点儿时间从战略上审视一下这种情况。这也会让我们从自己的情绪反应中抽离出来。有些事情的落脚点不同，由谁说或由谁做会导致完全不同的结果。也许这个行动由其他人来做最好。

3. 这是否需要现在就说或做？

　　通常情况下，推迟反馈，直到我们和我们周围的人都处于平静的状态，这样做并没有什么坏处，也许还有很大的好处。如果可以等待，那就把事情搁置一段时间，并为更多的观点创造时间和空间。

意识水平第五层级：
适应——能意识到，能够在当下有效地从防御转为学习（"双重意识"的实践）

　　随着时间的推移，西蒙娜需要暂停、冷静和重构局面的时刻越来越少。而当遇到这种情况时，她能够迅速穿过这个循环。但是，这种情况还是经常发生，比她想的更频繁。因此，她尝试了一种新的做法，即在早晨就思考她一天的日程，并试图确定她可能受到挑战的时刻。当确定这些时刻时，她能够在感受到威胁之前，在平静的生理状态下提前重构它们。当这一时刻到来时，她已经准备好了，并以她所选择的心智模式和行为模式来面对它。这就好像她在压力时刻到来之前，而不是在感受到压力期间，通过暂停绕过了她身体的压力反应。而这对她达到意识水平第五层级有很大的帮助。

在这个级别的意识水平上，西蒙娜能够在不需要暂停的情况下转入学习状态。她不仅能意识到自己的状态和眼前的环境，而且能做出有效的反应。西蒙娜认为这就像能够在箭飞向她时抓住它。没有停顿，没有惊慌，也没有错过任何一个节拍，她可以提前感知自己的压力，重新定义形势，在身体产生压力反应之前做出应对。

"哦，"她认为当她的团队告诉她坏消息时，"我能感觉到我的情绪开始升温。我的心在狂跳。我必须记住，这不关乎我自己，也不关乎我是不是个好领导，这是关乎团队的事。计划出现偏差是正常的，大家必须承担各自的责任和义务。"

随着时间的推移，西蒙娜不再需要重构。她新的心智模式就是她作为一个领导者的身份认同。她现在能够采取行动，为她的团队创造一个更安全的环境来分享挫折和挑战。她的反应不是感到沮丧，也不是把所有的责任都揽在自己身上，而是进入一种建设性的解决问题的模式，同时保持对团队负责。在对这种新的心智模式进行了多次积极的体验后，她正在自己的冰山上挖出一个凹槽，这种习惯在她面对的适应性挑战中很好地帮助了她。

当然，也有一些时刻，她最终会滑向另一个滑道。当西蒙娜发现乔纳森的团队错过了截止日期，甚至没有告诉她这件事时，她需要花点儿时间深呼吸，提醒自己要如何表现出一个领导者的样子。"他们并不总是告诉我出了问题，因为我有反应不良的历史，所以我最好不要再这样做。"她提醒自己。当向乔纳森和他的团队询问发生了什么时，她设法保持冷静。但情况很糟糕，错过最后期限使公司陷入了真正的困境，而且可能会产生严重的后果。

过去，当乔纳森的团队没有完成任务时，西蒙娜会责备自己。但现在她可以清楚地看到，尽管她努力帮助他成长和发展，但乔纳森的才能更适合另一个岗位。对西蒙娜来说，替换乔纳森是非常困难的，她内心仍然觉得自己是个失败者，因为她没能把乔纳森安排到需要他的地方。但她意识到现实的情况，她意识到自己对这种情况的感受和想法，她意识到这些感受和想法的来源，她现在能够做出她认为真正对她的团队和公司试图服务的客户来说最好的决定。

替换乔纳森是一个重要的举措，如果西蒙娜没有意识到这一点，并按照她的冰山模型行事，她是不可能这么做的。她所领导的两个部门之间的合作立即改善了，会议也不再像以前那样带有负面情绪。他们仍然面临着挑战，新产品还没有最终确定，也没有被纳入业务，但他们现在的状况比以前要好得多，而且团队成员似乎相信他们最终能战胜挑战。

西蒙娜将越来越多的技巧融入她的日常生活，继续实践"双重意识"。当收到乔纳森的继任者莉萨的一个小反馈时，她可以看到这一切都是值得的。在入职并进入新角色后，莉萨告诉西蒙娜她非常欣赏她的做法。"谢谢你对我的鞭策，"莉萨在一次一对一的谈话结束时对西蒙娜说，"当我以前的老板质疑我时，我总觉得自己是个失败者。但你只是让我觉得你真的关心我。"

"我确实关心你，"西蒙娜说，她微笑着接受了这个小胜利，"谢谢，莉萨。"然后她就回去工作了。

你在意识水平的哪一层级？

在一天结束的时候，反思你转变为防御状态的时刻可以帮助你了解你目前的意识水平。随着我们继续阅读本书，特别是后面的四周挑战计划，你将继续提高你的意识水平，并有望在各个层级上有所提高，直到你能使用"双重意识"，越来越少地经历转入防御状态的时刻。在一天结束的时候，先问问自己以下问题：

1. 我今天经历了多少个被触发压力的时刻？

2. 总的来说，在这些时刻，我发现自己处于意识水平的哪一层级？

   a. 第一层级：无意识（意识不到内部状态或外部环境）

   b. 第二层级：延迟反应（发生后意识到）

   c. 第三层级：觉察（能意识到，但不能在当下做出有效的反应）

   d. 第四层级：弹性（能意识到，并能在短暂的停顿或暂停后做出反应）

   e. 第五层级：适应（能意识到，能够在当下有效地从防御转为学习——"双重意识"的实践）

3. 今天哪一个时刻是最有压力的？

4. 我觉得是什么让我的压力如此大？是别人说了什么，我想了什么，一个声音，还是我看到了什么？

5. 今天这个压力最大的时刻大概是在什么时候发生的？

6. 在这个压力最大的时刻，我的意识（参考问题 2）达到了什么水平？

7. 在这一时刻我有什么想法？

8. 在这一时刻我有什么感受？

9. 在这一时刻我的身体有什么感觉？

10. 我对这种情况的总体反应是什么？我是接近还是远离了自己的目标？

THE
DELIBERATE
CALM
PRACTICE

第三部分

刻意冷静的
实践

当冰山相撞：动态的人际关系

紧握拳头你就无法与他人握手。

——英迪拉·甘地

"这不仅仅是供应商的问题，"公司分销和物流部门的负责人拉莎说，"这是一个更深刻的、系统性的问题。"

团队负责人焦万纳叹了口气。她再次发现自己被她的团队激怒了，拉莎尤其让她感到恼火。拉莎似乎忽略了一个事实，是焦万纳而不是拉莎是整个项目的负责人。

"我同意，"焦万纳提高声音回答拉莎，"但正如我刚才所说，我想至少解决一个问题，这样我们就能取得一些进展。这个供应商似乎是问题的最大根源，所以让我们从这里开始。"

"似乎是问题的最大根源，但真的是这样吗？"拉莎挑战道，她习惯于关注大局，而不是这种细节问题，"如果根本原因是我们如何选择合作伙伴并与之展开更广泛的合作，那么试图解决一个供应商的问题并不能解决真正的问题。"

"实际上，我可以说，这个供应商是我们最好的供应商之一。"采购部门负责人马克插话说。

在这一点上，焦万纳觉得精疲力竭："那你要如何来论证呢？"

"嗯，"马克说，"他们的产品可以满足我们所有的规格需求，总是按时交货，而且成本最低。"

"考虑到后端的质量问题，最低的单价并不一定意味着最低的总成本。"产品质量总监罗伯托说。

产品制造总监查德摇了摇头。"拉莎是对的，"他说，"'似乎是'还不够，数据在哪里？"

在沉默中焦万纳怒火中烧。如果她的团队连讨论话题或问题是什么都不能达成一致，他们怎么可能找到解决方案？

焦万纳、拉莎、马克、查德和罗伯托是一家全球性B2B（企业对企业电子商务）技术公司的领导，该公司生产大型制造商使用的工业电子产品。他们公司生产最先进的传感器和连接设备，帮助最先进的制造设施顺利运行，优化从预测性维护到人工智能驱动的运营。他们为此收取高额费用，直到最近，客户还乐于为更好的产品支付额外费用。

随着客户的需求越来越高，他们通过增加产量和提高价格来应对，以获得更高的溢价，同时保证公司快速增长。不幸的是，这导致了有缺陷的产品和服务的出现。一些客户没有及时收到产品，而那些收到产品的客户开始抱怨产品不能正常工作。现在，公司面临着客户投诉、业务流失，甚至还有一场诉讼的局面。

公司高管团队要求商务团队中负责大客户的副总裁焦万纳领导这个跨职能团队，为公司的供应链和产品质量问题提出解决方案。经过几次会议，他们不仅进展甚微，而且拉莎和焦万纳之间产生了很多摩擦，似乎她们永远无法合作解决任何问题。作为一个成功的领导者，焦万纳通常在面对挑战时会表现出勇气、韧性和乐观，但她开始感到沮丧和绝望。无论做什么，她似乎都无法获得任何支持。

"伙伴们！"焦万纳感叹道，"我们已经讨论过这些了。这是一场危机，而我们却没有取得任何进展。我们一直在原地踏步。你们的紧迫感到哪里去了？我们必须从某个环节开始，而似乎对质量问题影响最大的供应商是一个好抓手。既然你们不能达成一致意见，作为团队领导，我来做决定。让我们从这个供应商开始，找出问题，并解决它！"

马克迅速起身，开始往外走："对不起，但我刚才看了时间。会议已经超时了，我还有一个会议需要参加。"

团队的其他成员也都出去了，焦万纳独自坐在会议室里，感到很挫败。她不明白为什么在她最需要去领导的时候，她的领导力似乎突然失效了。在他们缺乏进展的情况下，焦万纳感觉拉莎在每一个转折点都消极攻击她，动不动就搞破坏，她不明白为什么。拉莎出了名地善于合作，但对焦万纳来说，她似乎正好相反。

焦万纳想知道她是否应该和高管团队反馈，要求替换拉莎在团队中的位置，但她担心这会显得她的领导力有问题，影响她在公司的前途。与此同时，她知道，如果这个团队不能解决这些问题，她就会受到严重的影响，甚至更糟。她觉得自己处在一个两难的境地，她不知道该怎么做。

旧方法解决不了新问题

到目前为止，焦万纳在领导高绩效团队方面有着很好的成绩。她做事果断，以行动为导向。她首先清楚地定义和构建需要解决的问题，这让每个人都站在同一起跑线上，并为团队指出重点，让大家一起行动。然后，她会梳理一系列解决该问题的任务，并向每个团队成员说明一套明确的工作流程，定义具体的目标，以便他们清楚地知道她对他们的期望。焦万纳以设定高标准而闻名，但她也会帮助激励和赋能他人达成她设定的高标准。

在眼前的情况下，焦万纳屡试不爽的领导方法并没有发挥作用。她甚至还在第一步——定义问题——上挣扎。首先，问题很多，不仅仅是一个，它们不仅是模糊的、多维度的、复杂的，而且最大的问题在于，它们都超出了她的知识和专业领域。

不幸的是，焦万纳没有意识到她目前的挑战是适应性的，需要一个新的应对模式。她处于高风险的适应区，但她正以她一贯的领导方式来处理这个问题。这并不是说她的工作做得不够好，而是这种特殊情况需要一种全新的方法。正如适应性悖论那样，正是在这种情况下，当试图解决一个复杂的高风险适应性挑战，而我们以前的做事方式又不起作用的时候，我们往往会惊慌失措，重新采用那些无效的解决方案。

焦万纳的团队承受着巨大的压力。他们试图解决的问题非常复杂，而且还在不断演变。他们以前都没有处理过这样的事情，而且有很多未知因素，这也放大了不确定性。在面对这样的压力，特别是在高度不确定性和复杂性的情况下，我们大脑创新和创造性地解决问题的功能往往会退居二线，而我们身体的压力反应会占据主导地位。这可能会产生一个"循环"，即我们的压力越大，我们就越是以默认的思维和行为模式做出反应，而当下的问题却需要全新的回应。当问题持续存在时，我们就会面临更大的压力，更加被动，更没有创造力。

焦万纳现在面临的问题不仅是她自己的适应性，她自己的冰山，以及她自己在陷入防御状态时的行为。焦万纳的冰山也与拉莎的冰山发生了碰撞，而且往往是以她们都没有意识到的方式，这进一步促成了那些防御性反应。为了解决当前的挑战，整个团队需要利用他们的集体技能、创造力和能量。这需要他们进入一个良性循环，在这个循环中，他们相互倾听，相互帮助。换句话说，为了共同努力解决这种适应性挑战，他们需要进入一种个人和人际关系层面的学习状态。如果继续做他们一直在做的事情，他们无疑会得到同样令人沮丧的结果。

现在是这个团队在一起工作的第二个星期，他们几乎没有取得任何进展。他们在努力工作，但他们没有合作或沟通，也没有找到有效的新工作方法。每个人都在孤军奋战，一如既往地用旧方法做事，尽管他们知道这些方法已经不再有效。

这个团队的每个成员一直以来的业绩都十分突出，他们无法理解为什么团队这么快就变得如此不正常。他们没有很好地沟通，所以无法理解其他团队成员的想法。由于之前都没有经历过这种情况，所以他们都认为错在其他团队成员，他们开始暗自指责对方才是项目缺乏进展的原因。

一次又一次无效的、充满冲突的会议让焦万纳感到越来越绝望。在领导这个团队的同时，她还在努力留住一些大客户，这些客户已经释放出可能会取消合同并投入竞争对手怀抱的信号。

几周后，工作还是没有任何进展，焦万纳终于去找了弗兰克，他是公司的项目发起人兼全球运营和供应链负责人。她没有特别提拉莎，而是说："我认为我们应该重组团队。他们都很专业，但我们就是不能共事。他们似乎不能一起工作。"

弗兰克思考了一会儿。"我们挑选这些人是因为他们有我们需要的技能和经验，"他告诉焦万纳，"我会联系我们的组织效率小组，看看他们是否能提供一些团队建设方面的帮助，让项目走上正轨。"

"等等，什么？"焦万纳有些惊慌失措。他们已经面临很大的时间压力了。他们可没有时间来一场大型户外信任游戏和破冰活动。但弗兰克向焦万纳保证，这次会有所不同。

他告诉她："一位来自组织效率小组的团队动态专家会参加你们的会议，提供一些建议，并看看她是否能帮助你们摆脱困境。"焦万纳感到很绝望，也不知道如何让这个团队取得进展，她别无选择，只能同意。

一位来自组织效率小组的名叫伊丽莎白的女士出席了下一次团队会议。团队讨论了很多话题，但又一次没有取得任何进展。小组成员之间的紧张关系是显而易见的，当会议迅速演变为毫无意义的争论时，伊丽莎白插话了："我知道现在时间很紧张，但是如果你们能迁就我一下，我希望我们能走出这个闷热的房间，活动一下身体，就一会儿。我们可以一边走一边继续我们的谈话，就当是工作休息吧。"

这是一个风和日丽的日子。伊丽莎白带领团队来到附近的一个公园，她要求大家两人一组，谈谈他们的成功模式，以及他们每个人认为自己在这项工作中要取得成功至关重要的东西。伊丽莎白与焦万纳配对。过了一会儿，当他们回到办公室时，伊丽莎白要求大家四处走走，与团队的其他成员分享他们讨论的内容。

"我必须以尽可能低的成本获得我们需要的所有材料。"马克简单地说。

"我需要做出长期的、可控的计划，以便我们能够可靠地将产品按时、按预算交付给客户。"查德说。

"我们需要按时交付我们的材料和产品，不缺货，同时保持低库存和流动资金，"拉莎说，"有了更可控的计划和更可靠的操作，以及合作伙伴提供的更好的服务，我们就可以做到准时交付。"

"我只需要消除缺陷，"罗伯托说，"有了更高的预算和更严格的质量流程，我们就可以将质量不确定性降到最低，达到零缺陷率。我只需要让大家加入进来，把质量放在首位。"

"对我来说，这很简单，"焦万纳说，"要想成功，我们需要增加销售量，并为我们的客户提供服务，保持客户忠诚度，这样我们才能实现持续增长。而我需要带领这个团队解决阻碍我们实现目标的问题。如果我们能够各司其职，更好地沟通，那就不应该这么困难。"

伊丽莎白点点头。"这些都是过去对你们有用的成功模式，"她说，"看起来它们对你们都很有帮助。但这次你们面临的挑战有什么不同？这种情况对你们的要求是什么，是不是超出了你们刚才描述的情况？"

"嗯，市场是很难预测的，这是肯定的，"查德说，"也许我们需要找到即使在计划有变时也能交付的方法。"

"而且，在目前分销系统的压力下，有时，不仅仅是成本问题。"马克承认。

拉莎沉默了一会儿，然后说："也许及时交付和尽量减少营运成本和库存并不是现在最需要关注的事情。"

"即使没有我需要的全部的长期预算，"罗伯托补充说，"我想我也需要专注于应对眼前的质量危机。"

焦万纳思考了一分钟。"也许问题比我愿意承认的更难，每个人只是做好各自的工作是不够的，"她最后说，"每个人各行其是是不行的。我认为，如果每个团队成员都按照我说的去做，我就能整合一切，想出办法。但我认为我们都需要超越常规角色，作为一个团队更全面地处理这件事。我们都需要调整我们的成功模式，而且我们需要以未知的方式来适应它们。毫无疑问，这是一个新问题。"

通过提问，伊丽莎白正在帮助团队获得外部意识，让他们知道他们正处于适应区。他们也开始意识到，由于不知道当前问题的答案，他们一直在加倍使用在熟悉区时有效的成功模式，这个模式适用于一个更可预测的市场。在此之前，他们的工作都很困难，有时压力很大，但他们拥有有效工作和成功所需的技能。现在，他们处于适应区，他们需要一种全新的方法。"这让我想起了马歇尔·戈德史密斯《管理中的魔鬼细节》一书中我最喜欢的一句话，"伊丽莎白告诉团队成员，"'现在我们可以忘却让你来到这里的原因，并弄清楚如何到达你需要去的地方'。"

利用冲突推动学习

我们经常认为冲突本质上是消极或有害的。对我们中的许多人来说，冲突让我们感受到威胁，使我们进入防御状态。但事实不一定是这样的。像压力一样，冲突可以是消极的，也可以是积极的，这取决于我们如何解释和处理它。如果处理得当，以开放的心态去看待而不是去评判、防卫或指责，冲突实际上可以成为学习的重要催化剂。

毕竟，当两个人以完全相同的方式看问题时，我们并不能真正从对方身上学到任何新东西。但是，当两个人持不同意见并公开分享不同的想法和观点时，我们可以学到一些新的东西，并从更宽广的视角来看待问题。这可以帮助我们每个人适应和成长，并一起解决复杂的挑战。也就是说，当且仅当我们能够避免感受到威胁，并保持一种开放的学习状态时，这种情况才会发生。

另一方面，当两个人都处于防御状态时，我们在水面以上的行为都出于防御。我们是两个"封闭"的头脑在交谈但没有沟通，只对表达自己的观点感兴趣。这不仅是无效的，而且会导致每个人转入更深的防御状态。由于对双方来说这都有利害关系，我们常常感到为对方的行为所威胁，这只会加强我们每个人的防御行为。当这种情况发生时，我们不仅要意识到自己的冰山，还要努力帮助与我们有冲突的人意识到他们的冰山。

这不是一件容易的事，但练习"双重意识"可以帮助我们实现它。如果能从天窗观察自己，注意到与我们发生冲突的人何时处于防御状态，以及他们的防御行为如何影响我们，我们就获得了改变这种动态关系的力量。为了帮助别人走出防御状态，我们必须首先转入学习状态。我们可以通过放慢速度、使用平静的声音等方式表现出明显的平静，然后提出问题，促进学习和 / 或关注共同的目标。这是一个使两个人同步进入平静状态的方式，而不是在我们的防御状态下对别人的情绪做出反应，从而火上浇油。

如果没有"双重意识"，我们就有可能在防御状态下触发应激反应，评判和指责他人，并开始对他们形成负面看法。然后我们根据这些看法来看待他们的言行。我们每个人都有的、最强大但最微妙的认知偏见之一是证真偏差——以证实我们已经相信的方式去寻求、发现和解释新信息的倾向。当我们处于防御状态时，这种倾向会被极度放大。如果能不断地通过扩展我们的观点来寻找证实我们观点的证据，毫无疑问，我们就会找到它。

这也与我们之前讨论的基本归因错误有关，它会导致我们根据他人可见的行为来判断他人，而我们则根据自己的背景和意图来判断自己。当我们在不了解别人的意图或背景的情况下，通过先入为主的观念来判断别人的行为时，这会影响我们自己的行为。我们开始表现得好像我们对他人的看法是真实的。然后别人看到我们这样做，这很可能证实了他们对我们已经形成的看法，而他们对我们的意图或背景一无所知。这就成了一个恶性循环，几乎没有学习或合作的空间。

有趣的是，这种证真偏差背后有生物学因素。当我们的想法得到验证时，我们的大脑会通过释放多巴胺来奖励我们[1]，神经网络形成，巩固了这些信念。[2]能证实我们是对的，这样的感觉真好。神经科学家罗伯特·伯顿[3]在《人类思维中最致命的错误》一书中解释说："一旦牢固地建立起来，将思维与正确感联系起来的神经网络就不容易被破坏。"这是因为，"明知一个观点是错误的，大脑仍然觉得它是正确的"。

这些生物进程让我们能够合理化自己的观点。研究表明，有强烈归属感的人，如党派选民，会调用前额皮质来过滤不一致的信息，以符合先前建立的信念，并忽略不一致的信息。[4] 相信自己得到了确认，大脑就会释放多巴胺作为奖励。

我们永远不应该以我们在防御状态时的行为来评判自己。这需要意识、意愿和努力来挣脱束缚，敞开心扉，接受新思想，对自己和他人的同理心是这个过程中不可缺少的一部分。

除了我们的偏见，从冲突中学习的另一个障碍是缺乏明确的沟通类型：请求、认可、批评、反馈和很重要的学习性对话。请求仅仅是一个关于未来的要求，例如，"请准时参加我们的下次会议"。它可以以一种完全独立于过去已经发生或没有发生的事情的方式来表达。认可是颂扬我们认为好的事情，例如，"做得好"或"干得好"，批评是对我们判断为不好的东西的告诫。例如，"那是一个糟糕的演讲"。

认可和批评不是反馈，这些交流形式对创造有意义的学习没有什么作用。真正的反馈可以通过两种方式创造真正的学习。评价性反馈是有实质内容的，它描述了一个目标或标准，并将某人的行为或表现与该标准进行比较，并详细说明对方达到或未达到该标准的原因。发展性反馈描述了一种不加评判的行为或行动，然后说明该行为的影响。理想的做法是使用"自我陈述"，例如，"当你迟到时，我感到不受尊重"，而不是"当你迟到时，你的行为很不尊重人"。然后，给出发展性反馈的人对未来提出一个具体的建议，以扩大其行为的积极影响或将其消极影响降至最低。

当我们处于熟悉区时，请求、认可、批评和反馈通常足以实现有效的沟通。但当我们进入适应区时，这些做法并没有一起进化为我们解决适应性挑战的方法。特别是当我们不得不在不知道答案的情况下一起工作，而且风险很高的时候，我们需要进行学习性对话，在这种对话中，两座冰山会进行建设性碰撞。这是一种创造性的、富有成效的冲突形式，往往会带来独特的洞察和创新。

当我们隐藏的冰山在防御状态下发生碰撞时，学习性对话就很难展开。然而，我们有可能通过各种策略中断和修复这种动态关系，改善沟通，建立信任，并增进共识。即使不同意，当我们对对方冰山水面下发生的事情持开放态度，可以不加评判地探索它时，冲突也不再被感受为一种威胁，在学习状态下，我们可以通过彼此冰山的创造性碰撞利用我们之间的差异。

水面之下——一起探索我们的冰山

那一周晚些时候，伊丽莎白邀请团队共进晚餐，以帮助他们增进信任和亲密感。她称这为"起源故事晚宴"。团队认为伊丽莎白上一次的干预很有帮助，并好奇地想知道接下来会发生什么。尽管项目还没有取得什么进展，但他们开始看到各自过于狭隘的目标可能会妨碍他们的工作，所以他们以开放的心态参加晚宴。

他们聚在一起后，伊丽莎白解释说，这顿晚餐可能与他们之前经历的任何事情都有点儿不同。她邀请团队用一个"三幕式结构"的故事重新介绍自己。故事的第一幕要说明他们来自哪里，从父母或祖父母开始，以及那个人对他们的影响。故事的第二幕要说明他们生命中任何一个阶段的成长经历，这些经历塑造了他们作为一个人和一个领导者的身份认同。这可以与故事的第一幕相关，也可以是完全独立的。故事的第三幕要说明他们的一个特质，这个特质可以是领导力的优势，也可以是一个弱点，以及这个特质与故事的前两幕的联系。

拉莎让团队成员感到惊讶，她主动要求先说。她首先谈到了她的母亲，她是一位艺术家，也是一位难民。在拉莎的成长过程中，家里的人总有很多情绪，在她很小的时候，她经常感觉很害怕。她记得自己很有创造力和同情心，但情绪有些不稳定，她 12 岁时父母离婚了。拉莎学会了小心翼翼地管理自己的情绪，经常压抑而不是自由地表达它们。

在她故事的第二幕，拉莎向大家讲述了她在父母离婚前与他们一起度过的童年印度之旅。拉莎的父母都是灵性追求者，他们每年都会把家人带到一个修道院，体验那种与康涅狄格州完全不同的生活方式，这对拉莎如何认识自己和世界产生了持久的影响。修道院是一个充满激情、信仰、表达和思考的地方。

最后，在故事的第三幕，拉莎谈到了自己的特质。她仍然定期冥想，很少让自己的情绪影响自己的判断，一般来说，她倾向于深思熟虑、反思、好奇，并善于扩展自己的视野，从不同的角度看待问题和机会。这往往表现为一种优势。她倾向于成为一个有高度的、战略性的思考者，这在研究复杂的供应链网络时特别有帮助。拉莎能够在情绪化的情况下保持冷静，具有战略眼光，并能整合不同的想法和观点，这对她很有帮助。

然而，有时人们会说拉莎冷漠，很难与她建立更深层次的人际关系，或者认为她缺乏同理心。她倾向于关注大局，这在很大程度上是好事，但她的日常互动可能会让人觉得她更看重利益。她承认，也许有时这阻碍了她在个人和职业生活中建立更深层次的关系。

早些时候，我们谈到了乔哈里视窗，这是一个帮助人们了解与自己和与他人关系的工具。当围着桌子分享自己的故事时，团队成员正在扩大每个窗口的开放区，这不仅缩小了隐藏区，而且缩小了未知区。换句话说，他们不仅对彼此的行为及根源有了更多了解，而且对他们自己隐藏的冰山也有了更多了解。他们中没有人真正被逼着把他们的成长经历和他们的领导特质联系起来，或者也没有思考这些特质如何在不同的情况下表现为弱点或优势。

当我们增加了和另一个人之间的共识时，关系自然就会变得更加有益。我们不再指责对方，不再为自己的偏见寻找证据。相反，我们开始更全面地把对方视为完整的、复杂的、立体的人，他们在特定情况下的行为可能反映出比我们从表面上看到的要复杂得多的东西。这往往会增进理解、信任、同理心和亲密感，在分享更深层次的自我身份认知时我们也会感到更舒服。

推论阶梯

克里斯·阿吉里斯是组织发展和组织学习领域的杰出思想领袖，他撰写了大量关于行动科学的文章[5]，行动科学是一种开发实用知识和见解的方法，采取行动应用这些知识和见解，不仅可以改善结果，还有助于推动进一步的学习和洞察。多年来，阿吉里斯和他的同事（包括唐纳德·朔恩和罗伯特·帕特南）提出了几个重要的方法，通过健康的对话和以学习为导向的合作，帮助团队和组织在行动中学习。

阿吉里斯用了梯子这个有用的比喻，他称为"推论阶梯"，来描述我们每个人如何以不同的方式解释信息和互动。梯子上的每一级都代表我们在解读与他人互动时的一个步骤。在某些方面，它是我们冰山模型的反面。在梯子上越往下，我们就越扎根于客观真理和共识。越往上爬，我们就越从客观真理走向基于我们想法的选择、行为和行动。

沿着阶梯向上移动也意味着将解释和意义分层置于客观现实之上。当然，这导致我们关注一些数据和信息，并过滤掉其他数据和信息，解释（或曲解）这些数据，并根据我们的取向、目标和偏见得出不同的结论。所有这些都会导致严重的人际冲突，因为我们的立场、信仰、偏好和选择越往上走就越不一样。当理解了对方推论阶梯上每一级的内容时，我们就可以中断这种动态，更接近客观事实。这有助于我们走出防御状态，进入学习状态，在这里，真正的对话和理解是有可能发生的，我们可以发现新的可能性、选择和看待事物的方式。

这个阶梯的最底层是所有可能的数据和事实——客观现实，因为它是、曾经是，或者可能是，除了事实本身没有任何解释或意义。我们一路向上，梯子的第一级是我们事实性的原始观察，也就是我们观察到的或可以接触到的世界上的所有数据。无论是我们没有注意到它们，选择忽视它们，还是忘记了它们，这些往往都不是我们会记住的东西。大多数人都把关于这些数据的自我叙事保留在自己的脑海中，而不是那些在创造意义之前就存在的客观事实。

例如，在讲故事的晚餐之后，焦万纳和拉莎的关系好了一些，但焦万纳仍然经常觉得拉莎在捣乱，没有完全尊重她。焦万纳主动提出邀请拉莎在第二天早上喝咖啡。焦万纳在9点准时出现，但拉莎直到9:12才到达。当拉莎到达时，焦万纳说："我在想你是否会出现。我差点儿就走了。"

"我当然会来的，"拉莎说，"我说过我会来的。"然后她迅速转入一个新的话题。她们的会面并没有特别的成果，部分原因是焦万纳对拉莎迟到的事实耿耿于怀。后来，焦万纳对伊丽莎白说，拉莎一定不认为她们相约喝咖啡这事很重要。也许拉莎与焦万纳的关系也不是那么重要，因为拉莎迟到了12分钟，甚至都没有道歉。

后来，伊丽莎白带着焦万纳在她的推论阶梯上上下来回走了一遍。在梯子的底部，我们可以看到拉莎在9:12出现了。这是一个客观事实。然而，拉莎迟到12分钟的想法是一种判断，而不是一个事实。"迟到"这个词是一种判断，它基于一种解释和假设，即她们本应在上午9点准时见面，不晚一分钟。此外，焦万纳预设了拉莎知道她自己迟到的事实，但并不在意，然后得出结论，拉莎没有道歉，因为她认为她们的会面或焦万纳本人并不重要。但在最底层，唯一的客观事实是焦万纳在上午8:59出现，拉莎在9:12出现。

阶梯的第二级是选择性数据。正如我们前面提到的，世界上有太多的数据，我们无法感知或在头脑中容纳所有的数据。梯子的这一级基于我们注意和选择的数据，以及哪些数据我们没有机会接触、没有注意到或选择忽略（有意识或无意识地）。我们每个人都比其他人更关注某些数据，这往往基于我们的心智模式、先入为主的意见和信念。这是证真偏差，导致我们会找到我们想找的数据证据。

当拉莎和焦万纳计划她们的会面时，拉莎曾说："让我们在星期三早上9点左右见面。"焦万纳选择性地记住了"9点"，但没有记住某些其他的词，如"左右"和"大约"，而拉莎提议的会议时间是一个大概的时间。

阶梯的第三级是我们从我们所选择的数据中得出的意义。在焦万纳选择了拉莎说的"上午9点"以及拉莎在9:12出现这两个数字后，焦万纳赋予了"拉莎迟到"的意义。

阶梯的第四级是假设，我们将这些假设叠加到我们从原始观察中选出的数据的意义上。这种假设是我们对所发生事情的解释。在这里，焦万纳不仅解释说拉莎迟到了，而且解释说拉莎很清楚她迟到了，她没有承认或为她的迟到道歉意味着她不在乎。焦万纳还持有这样的假设：人们有义务守时，尤其是在参加重要的会议时。迟到是不专业的，而且往往是不尊重人的表现。

阶梯的第五级是我们基于下面几级阶梯得出的结论。焦万纳不是很确定拉莎在平时是否粗心或不专业，但她已经得出结论，拉莎不在乎她迟到了，因为她不重视她们的关系。

阶梯的第六级是我们根据自己的解释和结论所采取的立场和

信念。基于这个经验和她的结论，以及从其他观察中得出的某些解释和结论，焦万纳认为拉莎不尊重自己，这就是为什么拉莎一直在破坏焦万纳在团队中的权威和影响力。焦万纳现在认为，她必须赢得拉莎的尊重或向拉莎宣示她的权威，以便成为一个有效的团队领导者，让拉莎回到"正轨"。唯一的选择是将拉莎踢出团队，否则焦万纳不可能成功。

这些结论和信念很快就会在焦万纳的选择、行为和行动中体现出来（如果你记得，这就是冰山的顶部）。然后，这些可见的行为将作为另一组数据，供拉莎解释，从中找出意义，并得出结论，一切都经过她自己的假设和信念的过滤。反过来，拉莎的行为将反映她选择和解释的数据以及她自己的结论和信念，为焦万纳提供更多的数据。周而复始，循环往复。一切都从喝咖啡迟到12分钟这样的小事开始。想一想，在我们的职业和个人生活的各个层面上，这种情况经常发生，如果人与人之间能有更多的共识，那就可以避免多少不必要的冲突。

这种类型的冲突是冰山相撞的一个例子，它并没有带来学习和成长。冰山水面之下的心智模式推动着我们在推论阶梯上不断前进。我们关注的数据、创造的意义、添加的解释、做出的假设，以及得出的结论，都源于我们的心智模式，它诱使我们行动，而这些行动往往会反过来加强我们原有的信念和立场。

当我们的实际行动之外的一切都不可见时，问题就发生了，无论是对我们自己还是对他人。解决冲突和对局势有更全面的理解的最有效的方法之一，是沿着推论阶梯自由上下，分析出每个人正在做的各种结论、信念、解释和观察。然后，我们就可以开始让当前局势形成一个更完整的画面。

提问和提议

洞察他人冰山的方法之一是建立学习性对话，将有效的倡议和问询，或者我们采取的立场与我们提出的问题有机地结合起来。当处于防御状态时，我们倾向于将冲突视为一场我们想要赢得的战斗。我们不想给冲突中的"对手"提供任何弹药，无论是同事、家人还是队友。这导致我们把自己的真实想法和感受留给自己，而不分享给他人，过滤掉那些感觉有风险的东西，对我们的立场和结论背后的原因闭口不言。

另一方面，如果非常清楚和透明地阐述我们的信念和建议采取的行动及原因，我们就可以创造学习。这有助于理解冲突可以是学习的来源，甚至是创新和创造的来源，而不是威胁。当我们每个人都在解释我们的信念、立场、选择和提议背后的原因时，我们是在沿着推论阶梯往下走，阐明为我们的观点提供依据的观察，以及形成我们的结论而不断叠加的态度、假设、意义和解释。我们敞开自己内心的冰山，即使仍然不太情愿，我们也可以更好地理解为什么我们对事物有不同的看法。给出有效提议的领导者不会自我设防，会真实、清楚地表达他们的意见并提出解决方案，他们会沿着推论阶梯和隐藏的冰山寻找更深层次的原因。

在学习性对话中同样重要的是有效的提问——提出好奇的、非评判性的问题，帮助澄清对方的观点、选择和行动。通过一系列探究性的、开放性的问题，有效的探究有助于沿着别人的推论阶梯往下走，这样我们就能真正理解他们的出发点和行为动机。

这似乎很容易，但当别人明确表达了我们强烈反对的观点时，我们可能很难放下成见，只是好奇地提问，倾听理解，而不争论、评价、攻击他们的逻辑，或者捍卫我们自己的立场——特别是如果我们处于防御状态。但是，提出开放式的问题是一种很好的方式，可以让我们和与我们对话的人转入学习状态。之后我们可以随时切换回提议模式，重申我们的出发点。如果我们真的倾听了对方的意见，但仍然不同意，那么我们的立场不需要受到对方的影响。但重要的是，要清楚我们何时在不否认对方的经验真理的基础上，从质疑对方转为阐述我们自己的观点。

通过对自己的信念敞开胸怀，在学习而不是防御的状态中一起探索，拉莎和焦万纳开始修复她们的关系。焦万纳说，她认为拉莎不尊重她，一直在破坏她作为团队领导者的努力。拉莎认为，应该由具有供应链经验的人领导这项工作，而不是由焦万纳领导，她只是公司商务部门指派的。拉莎认为这就是焦万纳在真正了解问题之前就急于采取行动的原因。

在她们的讨论中，焦万纳和拉莎并没有就对方的一些具体做法和行为是否"正确"达成共识，但她们确实更好地理解了行为背后的原因。焦万纳了解到，拉莎觉得作为团队一员与大家配合是非常重要的，并且非常尊重焦万纳这个人且认可她的领导。拉莎认为她们之间的关系非常重要，即使她仍然认为这一举措应该由供应链中的某个人领导，而不是商务部门。

焦万纳还了解到，一些具体的互动（包括拉莎在咖啡会议上"迟到"）是不尊重或不重视焦万纳的信号，其实是自己的误解。虽然焦万纳仍然认为拉莎的一些行为确实影响了她的工作，但她明白这不是拉莎的本意。

另一方面，拉莎了解到焦万纳在她的前东家那里确实有一些供应链方面的经验。焦万纳急于采取行动是一种领导风格，也是形势所迫，她觉得需要报告进度让她知道大家正在试图留住客户，而且事实上，焦万纳确实认为这是一个需要他们了解其复杂性并找到根源的问题。在听到焦万纳最近与客户的讨论后，拉莎开始接受焦万纳的观点，能够报告一些进展，即使有些粗糙，在短期内对维护客户关系也是至关重要的。

利用这些工具，焦万纳和拉莎能够练习在冲突中保持学习，这使得她们的冰山碰撞更有成效，她们解锁了一些人际关系上的技巧。现在，为了完全解决她们所面临的适应性问题，她们必须找到一种方法，将这种学习扩展到团队其他成员身上。

从冲突到学习

这个来自"行动科学"的练习可以帮助你了解自己的推论阶梯，以及与你有冲突的人。它还诠释了你对他人的所思所感与他人阐释你的行为方式之间的关键差异。

先想一想你最近与另一个人发生的冲突。在一张纸上分出三栏。在第一栏中，尽可能客观地写下你们每个人说了什么和做了什么。你不会记得每一个字，但要尽力而为。在第二栏中，在你们所说的或所做的下方，写下你们在那一刻没有说出来的想法和感受。在第三栏中，看看对方的每句话或每个动作，试着转换立场。当说或做这件事时，他可能在想什么或有什么感觉，但是没有说出来。

现在回头看看这三栏。你能看出你的想法和感觉与你的实际言行是如何脱节的吗？另一个人可能会如何解释这些事情？而对方可能的想法或感觉与你当时的假设是相符的，还是不同的？如果你能以不同的方式看待事物，不在假设、意义和信念上做文章，你的职场关系会发生什么变化？

为了进一步获得更多的自我意识，你可以沿着推论阶梯往上走，了解你在这场冲突中的每一步产生的思考和感受的原因。你越是了解自己的推论阶梯，你就越能有效地利用提议来创建学习性对话。

"刻意冷静"团队

我们都陷入了一个无法逃脱的相互依靠的网络,拴在命运织成的衣襟之中。

任何直接影响一个人的事情都会间接影响所有人。

——马丁·路德·金

"马克,现在他们要求我们从他们的仓库提货,如果我们想早点儿得到所需配件,"查德沮丧而又怀疑地说,"如果他们连产品都不能送到我们手中,我们为什么要和这家供应商合作?"

马克将身体略微转离查德,低头看他的笔记本电脑。"好吧,你的团队要求的东西都在合同里,"马克回答,"我不会读心术。如果你想要什么具体的东西,那就得写进合同里。"

"把这类材料送到我们的工厂是标准做法,"查德告诉马克,

"原材料不到位，我究竟该如何生产产品？我觉得我什么都不能指望。拉莎似乎一直在改变我们的预期，罗伯托在没有更多数据的情况下也无法告诉我任何事情，现在感觉一切都很混乱。"

"嘿，别把我扯进来，"拉莎说，"你与这个供应商和采购材料的问题与我或我们的预期没有关系。"

"好了，伙计们，"焦万纳插话，"马克，查德是对的。如果你不知道制造业在产品交付方面对供应商的需求和期望是什么，你需要询问而不是假设。而且，我们不要再互相指责，开始努力解决这个问题吧。"

罗伯托沮丧地叹了口气，"但我们仍然不明白问题所在。很抱歉我一直要求提供更多的数据，但没有数据我真的帮不上忙。我们在寻找规律，这就像打地鼠游戏，我们解决了一件事，第二天就会有新的问题出现。"

焦万纳看了看手表，绞着双手。他们几乎没有时间了，但还是没有取得什么进展。

在做了这么多工作之后，焦万纳和拉莎相处得更好了。团队成员的沟通总体上更有效，信任度也更高了，但他们仍在努力调整，要在公司的供应链和产品质量问题上取得真正的进展。

一直在静静观察会议的伊丽莎白开口了："既然我们今天只剩下几分钟的时间，我想我们是否可以迅速转换一下角色。"她看了看焦万纳，后者点头表示赞同。"我认为，退一步会有帮助，在你们的个人目标之上，我们考虑一下大家都全身心投入的团队目标。"

"我认为我们的目标是解决这些问题，"拉莎说，"确保客户得到我们承诺交付的产品，而且要准时，没有质量问题。"

"确实如此，"伊丽莎白说，"但是，怎么知道我们已经以一种大家都满意的方式解决了问题？如果我们完全成功，而且不仅仅是解决了眼前的问题，那么对这个团队、对我们的组织、对我们的客户和商业伙伴来说，成功到底怎么定义？"

团队成员思考了一会儿。"我们的销量足以维持增长。"查德提出。

"而且我们的销售承诺和工厂产量将保持一致，"拉莎补充说，"我们生产我们所销售的一切，销售我们所生产的一切。"

伊丽莎白点点头，开始在白板上记录："好吧，还有什么？"

"我们将有高质量的供应，我们的产品会是零缺陷的。"罗伯托补充说。

"客户将对我们的产品感到满意，并将真正看到我们如何提供比我们的竞争对手更好的产品。"焦万纳补充说。

马克说："我们将与值得信赖的供应商建立牢固的关系，他们是我们真正的合作伙伴，因此我们可以充满信心地保持长期高品质的销售，并以合理的价格做到这一点。"

"我们会有良好的透明度和业务流程，"罗伯托说，"所以我们可以更快地识别和解决任何问题和偏差，最好是在客户受到影响之前就把问题解决掉。"

"还有一件事，"拉莎补充说，"我认为我们将建立强大、有效的物流网，但也有足够的灵活性，当供应链出现问题或中断时，我们仍然可以把产品送到客户手中。"

"这些都很好，"伊丽莎白说，"是否可以说，只实现其中一些要素但在其他方面惨遭失败，仍旧是不够好的呢？我们现在致力于得出的完整的成功定义，是不是包括以上所有要素？"

团队成员点头表示同意。

"是的，这是作为团队目标的一个很好的总结，"焦万纳说，"把它们全部写下来很好，但我想我们已经知道这些了，对吗？"

短暂停顿后，马克说："我不知道。说实话，我一直专注于保证尽可能低的单价，我认为其他的事情都是别人的责任。这确实让我以不同的方式思考了我的工作，以及我们需要解决的问题。比如找到真正愿意与我们合作的可靠伙伴，建立更具弹性的网络。有一定的灵活性，这样我们可以更容易地应对问题。我认为我真的可以协助解决这些事情，但我从未想过它们属于我的工作范围。"

我们在团队中工作时，一般不会花时间来达成这种共识。目标似乎是显而易见的——眼下要解决每个团队成员面临的紧迫的问题。但当我们面临适应性挑战时，仅仅试图解决局部问题是不够的。我们需要更进一步，在个人、团队和组织层面重新定义目标。

　　面对一个更大的目标做出共同的承诺，可以让我们深入了解相互依存的团队关系，为团队带来新的目标感，并可以帮助我们达到新的合作水平，因为我们会将注意力转移到优化整体而不是最大化我们自己的工作上。复杂的问题需要我们以新的方式一起参与，共同学习，发现新的解决方案，实现我们共同的愿望。然而，当我们需要以新的方式合作来解决复杂的问题时，团队成员往往处于自我强化的防御状态，这让他们无法适应并阻碍他们前进。

刻意冷静和学习型团队

　　我们已经知道为什么在面对适应性挑战时，能够进入学习状态对我们来说是如此重要。但是，真正的学习和成长并不是发生在泡沫里。在适应区，作为一个个体学习者，甚至在一个个体学习者社群中都是不够的。今天的世界需要共同学习，这样团队和整个组织才能迅速适应并取得成功。

　　这意味着，为了解决适应性挑战，团队需要转变为一个整体来学习。我们所谈论的不仅仅是开放和连接一两座个人冰山，而是包括团队冰山在内的多座个人冰山，这些冰山往往不被承认，也是看不见的，却影响着团队文化以及团队互动和合作的各个方面。

当我们询问最资深的团队成员，他们有多少时间花在学习上，多少时间花在防御上时，平均答案是，60%~70% 的时间被花在防御上。当他们面临高风险的适应性挑战时，这个比例甚至会进一步增加。当高层团队需要解决组织所面临的最困难的问题时，他们大多是在防御状态下进行的。冰山水面下隐藏着如此多的层级，而且我们在不确定性增加的时候会本能地进入防御状态，这并不奇怪。

因为我们在这种状态下会停止倾听和真正的沟通，我们的智慧会低于团队成员智慧的总和。请记住，在防御状态中，我们没有充分利用大脑的思维能力。随着我们面临的挑战变得越来越大，这种智慧、创造力和创新力的下降会变得越来越明显，越来越普遍。具有讽刺意味的是，话题越重要，无法进行创造性合作的风险就越大，我们整个团队就越有可能进入防御状态，这往往会使我们在面对眼前的挑战时更加无力。

现在，我们正面临着团队层面上的适应性悖论：挑战越复杂，我们就越需要团队的集体经验、技能、智慧和创造力，而它们对我们来说却越发不可用。这使得我们更有必要学习如何将自己和团队转换到学习状态。当能够作为一个团体进入学习状态时，我们就会释放出大量的集体脑力，我们可以利用这些脑力来创造、创新和变革。

正如个人在适应区转变为学习状态比以往任何时候都重要一样，团队转变为学习型团队也是如此。整个世界在从等级制度转向以团队为基础的多样化模式，团队的组成以及团队成员的合作方式对组织的整体学习和绩效变得越来越重要。团队在许多方面正在变得更加跨职能，并且充满了多样性——专业知识、能力、信仰、教育、语言、地理、种族等等。团队成员需要在信息冗余下共同应对复杂的挑战，然而团队成员经常不同频。

这种多样性对学习来说是一笔巨大的财富，但前提是要处理得当。[1] 同质化的团队往往比多元化的团队摩擦更少，因为两极分化的观点更少，而且团队之间的熟悉感让人感到安全。但是，这也不太可能带来创造力或创新，而更有可能产生共识，即在团队中工作的人在情感和态度上倾向于与团体保持一致。[2] 这会形成团队的冰山，它由如何才能成功的共同信念组成，从而驱动了团队的典型工作方式和合作方式。

和个人一样，团队的冰山在熟悉区可以很好地服务于团队，在那里，团队成员像一台台运转良好的机器，解决那些有时具有挑战性也许是高风险但熟悉的问题。但是，当一个团队处于适应区，需要学习新东西时，在学习一开始，拥有一个观点一致、同质化的团队和成熟的做事方式就不再是一种优势了。

在一个更加多元化的团队中，我们没有基于共同认知的安全感，当面对不同的态度和观点时，我们更有可能转变为防御状态。[3] 然而，当能够驾驭和接纳这种多样性，转向学习型团队，了解在场所有人的观点时，我们就能够挖掘出可能会阻碍我们的假设和共识，以及新的想法。在某种程度上，这打开了团队成员面对挑战时内心的各种冰山，使我们不仅能洞察他们的想法，还能了解他们为什么这样想。

最成功的组织不仅拥有多元化的团队，而且团队成员会利用这种多元化的丰富性来创新、解决最棘手的适应性挑战。这就是学习型团队的含义，它能加强我们个人和集体的弹性和适应性。当我们带着好奇心和真正的合作心态在学习型团队中一起工作时，我们的组合就会变得比各部分的简单相加更强大。

心理安全——学习型团队的基础

研究领导力、团队和组织学习的美国学者埃米·埃德蒙森在读博士时，对医疗保健团队进行了研究，试图了解和预测团队的表现。她根据每个团队报告的或大或小的错误的数量来衡量团队的"出错率"。她假设出错率较高的团队患者情况更差，但她惊讶地发现，在相反的方向上存在显著的相关性。报告错误较多的团队，其患者情况明显更好。[4]

埃德蒙森发现，所有的团队都经历过错误。团队报告出错并最终从错误中学习的可能性与更好的患者情况相关。与有错误的团队相比，那些没有发现、报告、讨论和从错误中学习的团队，随着时间的推移患者的情况变得更差。

是什么让一些团队能够突破冰山的水面并从错误中学习，而其他团队却没有？"心理安全"是由埃德蒙森推广的一个术语，用来描述一种共同的信念，即团队是一个承担人际风险的安全场所。心理安全是适应性、创新性团队表现的先兆。当我们在寻求帮助、非正式地分享建议或挑战现状而不担心负面结果时，我们的团队更有可能快速创新，释放出多样性的好处，并很好地适应变化。

为了取得成功，在适应区合作的团队首先需要一个以心理安全为特征的团队环境。2012 年，谷歌开展了一项代号为"亚里士多德计划"的活动，研究了数百个团队，并找出了一些团队比其他团队更成功的原因。研究人员发现，预测团队绩效的首要因素是心理安全。[5]

这里的关键词是"安全"。在缺乏心理安全的团队中，我们会感到自己有可能因犯错误而受到指责或羞辱，并感到提出异议或承认失败是有风险的。当然，这种暗含的受到威胁的感觉导致我们转向防御，并做出应激行为。然而，在一个心理安全的环境中，我们知道，如果犯了错误并坦承错误，我们的身份和关系是安全的。这种安全感使我们在个人和团队层面上都能转变为学习状态，即使是在压力下。

在这种学习状态下，我们可以与失败建立一种新的关系。当然，我们不希望犯错或失败，我们必须找到解决方案。但是，当试图在一个动态的、不确定的环境中进行创新时，我们需要学习和掌握全新的技能，错误和失误是不可避免的。事实上，如果我们在适应性环境中没有遇到挫折，这往往意味着我们没有把目标定得足够高。或者，我们还没有完全接受我们一开始就处在适应区的事实。当我们一往无前时，失败和必要的适应性调整总会随之而来。这是我们走出熟悉区自然会发生的事情。通过在一个心理安全的环境中从失败中学习，我们可以在一个动态的环境中不断适应和改进。

我们中的大多数人走到今天，是因为我们擅长一种学习方式：单循环学习，即用已知的方法和途径来解决困难的问题。然而，在适应区，环境要求我们以不同的方式学习。正如我们在这个案例中看到的团队那样，一开始我们甚至不知道我们需要学习什么。毕竟，我们不知道自己不知道什么。这正是我们最容易感到非常不舒服，想要退回到安全和熟悉区域的时候。我们倾向于转入防御状态，并依靠已知的方法做出反应，而这些做法在新的情况下根本不起作用。这些方法越是不起作用，我们就越是倾向于更用力地拉动同一根已失效的控制杆。

这是最糟糕的行动方案。然而，我们还是这样做了，这往往是因为我们不想放下旧的成功公式，也不想放慢脚步，深入研究我们的失败，并通过失败来学习和适应，并提高我们下一个层级的解决方案、想法和表现的水平。

然而，还有一种学习形式，叫作"双循环学习"或"适应性学习"。克里斯·阿吉里斯用一个恒温器来说明单循环学习和双循环学习。一个设置为 20 摄氏度的自动调温器，在房间温度低于 20 摄氏度时会打开热风，这就是在进行单循环学习。一个在进行双循环学习的自动调温器会探索加热房间最佳和最经济的方式，并问："为什么要设置为 20 摄氏度？"[6]

在双循环学习中，我们根据经验修改我们的目标和决策规则，从而探索和发现新的方法和解决方案。创造新现实的唯一途径是进入未知领域，改变我们的方向，而失败几乎肯定是旅程的一部分。这意味着我们只能在一个心理安全的环境中进行双循环学习，在这个环境中，我们把从经验中学习（因此也包括错误经验）作为适应性解决方案寻找过程的一部分。当能够在不面临灾难性后果的情况下失败并继续前进时，我们就会整合这种学习。如果失败了，并因此受到惩罚或贬低，我们就会意识到，我们应该避免承担可能使我们看起来很糟糕或导致别人对我们有偏见的风险，所以我们就会在安全的范围内谨慎行事，这会限制我们学习和成长的潜力。当我们相信外面还有更好的东西等着我们去发现，而不是为未知和不可避免的失败所威胁时，真正的转变是有可能发生的。

如何保证心理安全

领导者在保证团队内部的心理安全方面发挥着重要作用。[7]事实上，作为领导者，我们的情绪常常会对我们的团队和组织产生乘数效应。一个领导者一旦表现出不耐烦、恐惧、严厉或沮丧的情绪，他就会扼杀某些对话。如果一个团队正在面临适应性挑战，那就真的会扼杀团队成员为寻找新的解决方案而需要纳入的创造力和学习力。当领导者表现出"刻意冷静"，乐观、沉着、开放和好奇时，团队可以更有创造性地面对挑战。

当领导者提供信任、支持和心理安全的基础后，这种环境能让团队成员接受比最初认为的更多的挑战和压力。这种以信任团队能力为基础的挑战式领导力，可以加强团队的绩效，引导团队成员表达创造力，让他们感到有能力做出改变，并寻求学习和改进，但前提是已经有了积极的、支持性的、具有心理安全的团队氛围。[8]否则，挑战式领导力可能会让团队成员认为是一种威胁，并使他们转向防御。

领导者可以通过以下四个步骤培养团队的心理安全感。

第一步：重构错误

怎样做才算不错？

1. 承认错误的发生。

2. 避免在错误发生时表现出愤怒。

3. 帮助团队成员纠正错误。

怎样做到优秀？

1. 经常坦诚地分享你自己的错误。

2. 经常提醒团队成员，我们的工作是复杂的，我们犯错是
   意料之中的。

3. 将错误重新定义为漫长旅程中的一步，视为我们可以利
   用的宝贵经验和数据，视为学习的机会。

第二步：鼓励所有的声音

怎样做才算不错？

1. 每当有重大决定时，明确地问："我们准备好前进了

吗？"并确保所有人都说"是"。

2. 当有人分享错误时，避免使用诋毁性语言（例如，避免说"是的，但是……"或"有很多情况你不知道"）。

怎样做到优秀？

1. 积极避免"向日葵"效应，即其他人与领导者的观点完全同步。

2. 经常提醒团队，让每个人贡献力量。请注意，在我们这个复杂的世界里，领导者不会知道所有的答案，每个人都有独特而有用的答案。让团队成员分享他们的想法，以及他们的感受和潜在的信念或假设。

3. 以中立、不具威胁性的方式邀请团队成员参与（例如，"我们可能遗漏了什么观点？是否有我们没注意到的盲点？"），然后停顿足够长的时间让他们表达观点。

4. 建立正式的团队机制，鼓励分享想法（例如，有一个常设的"魔鬼代言人会议"，对计划和想法进行压力测试）。

5. 用问题而不是评论来填补沉默。

6. 解释为什么某些观点没有被纳入最终决定；与团队成员透明地分享背景和决策过程。

第三步：感谢贡献

怎样做才算不错？

1. 经常积极主动地认可团队成员的优秀表现。
2. 当团队成员主动表达意见，或能超越常规时，对他们说"谢谢"。

怎样做到优秀？

1. 让认可成为你的团队语言和规范的一部分。
2. 特别感谢那些提出令人不舒服、棘手的问题的人，承认他们在解决问题的同时，也为开放的团队动态做出了贡献。
3. 要具体说明任何你赞许的行为，以及它对你的影响。
4. 认可他人在会议期间提出的观点（例如，"以卡拉的观点为基础……"）。

第四步：指导团队成员相互帮扶

怎样做才算不错？

1. 鼓励团队成员之间的相互认可（例如，设定一个团队规范，每天写两分钟的感谢信）。

2. 提醒团队成员，帮助团队中其他人提升工作业绩是每个人的职责。

怎样做到优秀？

1. 制定规范，鼓励团队成员提出自己的意见。

2. 指导团队成员相互扶持（例如，要求他们提出深入的问题，真正理解团队成员在讨论中提及的内容）。

3. 就个别团队成员对心理安全的贡献提供反馈和指导。

提升团队的意识水平

除了拥有心理安全的基础，那些在一个或多个重要方面处于陌生领域，并在适应区寻求新的解决方案的团队，可以应用"双重意识"，以便有效协作，进入学习状态。这需要团队成员获得较高的个人和集体意识水平，了解环境中正在发生的事情，以及它是如何影响他们的内部状态和团队动态的。

截断防御的多米诺骨牌效应

当团队成员参与下一次会议时，他们惊讶地看到白板上的图表，伊丽莎白已经开始填写了。这些栏目包含了他们的姓名、正式角色、关于领导力和成功的心智模式，以及他们在起源故事晚宴上讨论的特质。还有一些空白栏，标题为"诱因"和"情绪/保护行为"。

在大家都坐好后，伊丽莎白开始向团队发表讲话。"在开始今天的议程之前，我想做一个练习，我称为'多米诺骨牌效应'，"她说，"我们已经谈论过当你处于防御状态时会发生什么，但你对导致你转入这种状态的原因了解多少？"

我们中的大多数人都没有意识到一些诱因会触发我们进入防御状态。诱因可以是一个事件、一个人、某人说的话，或者任何我们的大脑有意识或无意识地解释或预测为威胁的东西。意识到这些诱因，以及我们在防御中的典型反应是非常有价值的。在团队中，同样重要的是了解什么会触发你的团队成员进入防御状态，以及他们如何反应，这样你就可以通过相应地调整你的行为来打破这个循环。

所有的团队都会发生一种互动，即团队中的个体在防御状态中进进出出，同时也会有将其他人推入和推出防御状态的行为。我们很少关注我们作为个人或团队所处的状态，即使是在做关键决定时也是如此，但当团队整体处于学习状态时，做出决定和要求承诺会有效得多。如果我们中的一个人处于学习状态，但团队中的其他人都处于防御状态，别人就不会对这个人所说的话持开放态度。在这种情况下，仅有自我意识是不够的。我们不仅要观察自己，还要通过天花板上的那个天窗观察整个团队，注意他们处于防御状态的迹象。然后我们就可以采取行动，帮助他们转变。

伊丽莎白问，有没有人能说出一个自我防御的诱因。查德首先发言。他说："当有些人参加了会议，却不投入或表现得很冷漠时，我真的感到很受困扰。"他又说："当他们停止倾听，转过头去或看手机时，我感觉他们完全不尊重人，好像其他人的时间和意见根本不重要。"

"好的，很好。"伊丽莎白说，她在查德名字旁边的"诱因"一栏中写下了"心不在焉"。"那么，当有人看起来心不在焉或忽视你时，你通常有什么反应？"

查德微笑着说："嗯，这肯定很不好，我会生气，通常会大声说话，靠音量挑衅对方。我想也许我可以强迫他们听我说。"

伊丽莎白点点头，把它写了下来。"还有谁？"

"当人们问我我不知道的事情时，我真的很慌张，"罗伯托说，"我觉得自己露怯了，感受到不确定性，并认为我本应该有答案。我的行为会变得非常具有防御性，我会反击，向问问题的人发起挑战。"

"哦，团队中出现的防御性行为对我来说是一个诱因，"拉莎说，"当人们把自己的利益置于团队利益之上时，我感到愤怒和沮丧。当看到人们对自己的工作领域或团队成员采取防御态度时，我认为他们只是在关心自己，而不是团队的一员。"

"那你的反应是什么？与这种感觉对应的行为是什么？"伊丽莎白问道。

拉莎叹了口气："我通常会试着去面对它，将它表达出来。但肯定有几次，这会让情况变得更糟，因为我表达的方式是由我的愤怒和挫折感促成的。"

"听着，不用为我们在防御状态下的行为感到羞愧，"伊丽莎白提醒他们，"当然，我们希望减少这种状况的发生，获得能让我们选择更合适的反应的能力。但这些都是自然反应，都是过程的一部分。实际上，这是我们所面临的情形中一个很重要的标志。"

马克接下来发言。"直到最近我才完全明白，"他说，"我会被其他人强烈的情绪触发，特别是大喊大叫、愤怒、挑衅或凌驾于他人之上。这时我会感到愤怒，要么反击，要么沉默不语。"马克补充说："在我的个人生活中，我经常会反击，但在工作中，我更有可能被压垮，选择沉默和逃离。"

"对不起，马克，我一定是一直在刺激你，"焦万纳说，"我的诱因是，我觉得我的意见没有人听或我的观点被驳回。每当开始觉得我不能影响别人或掌控当下的局面时，我就会感到无力和失控，这让我很害怕。所以我试图控制局面，这可能会被认为是咄咄逼人和充满挑衅的。"

姓名	部门	成功对我来说是……	优势
焦万纳	商业与客户	通过为客户提供服务，保持客户的满意度和忠诚度，持续增长	决心、勇气、坚忍、乐观
查德	制造	执行可预测的长期计划，以便我们能够可靠地按时和按预算交付产品	有创造力的问题解决者，分析能力
拉莎	渠道与物流	实现及时交付，确保按时交付	洞察全局，整合者，系统思考
马克	采购	以最低成本采购所需材料	沟通、影响、促成双赢谈判
罗伯托	产品质量	更加健全的质量流程和组织，这样我们就能最大限度地减少产品质量问题和消除缺陷	完美主义者、分析力、数据、追根溯源

特质	诱因	防御反应
顽固，反应过度，试图控制	感觉失去控制，人们不听话，感觉不受尊重或被忽视	接管、打断、发号施令、告诉别人该怎么做
有时过多地分析问题而不采取行动	退缩，不参与	大声说话、挑衅、发火
专注于宏观问题，但微观的互动似乎是交易性的	不善于团队合作——采取防御措施，办公室政治和潜规则	感到沮丧、对抗、骂人
试图取悦每个人，但如果不成功，就会责怪他人或外部环境	粗鲁、咄咄逼人或吵闹的人	愤怒、逃避、沉默
追求止于至善；可以专注于正确的事情而不是急于采取行动	不知道答案	惊慌失措、陷入争论、自我防御、挑战问问题的人

"确实如此，"伊丽莎白说，回头看了看白板，"在团队中，一个人的防御行为往往是触发其他人防御反应的诱因。只要看看这个就知道了。如果你用一个罗伯托不知道答案的难题来逼他，他就会被触发。他防御性的反应会触发拉莎，而拉莎的防御性反应是与他对抗，但这有可能把他逼得更紧。然后，他们的争论将触发焦万纳，她会开始感到自己失去了对会议的控制，可能还有马克，当事情开始变得情绪化的时候，焦万纳的防御性反应，即控制和咄咄逼人将进一步触发马克。如果还没有被激怒，马克将

选择沉默和逃离，这将触发查德开始大声说话。这种情况在防御的恶性循环中不断地进行着。业务内容现在几乎无关紧要了，因为你们碰撞的冰山使整个讨论脱轨了。只要有一个人被触发，那就会引发多米诺骨牌效应。"

互相帮助学习成长

这种类型的多米诺骨牌效应会发生在团队、家庭和各种组织中。我们每个人每天都会有好几次转入防御状态，当然，我们经常被其他人或我们自己对他们行为的解读触发。这是人类本能的一部分，我们不应该对此感到害怕或羞愧。事实上，正如我们自己的防御时刻是学习成长的信号一样，在团队中，它们是我们有机会加深理解和相互学习的信号。

意识是关键。一旦知道这种情况正在发生，我们就可以采取措施改变它。我们可以做的一件事是找出什么能帮助我们的团队成员从防御转入学习状态。然后，当注意到有人表现出防御行为时，我们可以提议休息一下，给大家一个冷静的机会，或者通过展示帮助他们的行为使其从防御转为学习状态，从而打破这个循环。伊丽莎白在白板上加了一栏，写着"有帮助的行为"，团队成员坐在一起，分享他们的想法，即哪些行为有助于他们转为学习状态。

如果团队中的每个人都同意，当我们注意到一个或多个人正在转向防御时，委婉地指出这一点也是有帮助的。我们称这为天窗时刻。团队成员可以简单地举起手，要求一个天窗时刻。这是一个提示，让团队成员进行几次深呼吸，喝口水，并思考团队当前的心智模式和行为是否在为大家服务。

由一个团队成员明确地扮演观察者的角色，帮助提高团队的意识，这往往是有帮助的。心理学家戴维·坎特将"四角色模型"作为其结构动力学理论的一部分，即团队成员扮演着以下四个角色之一：推动者围绕问题的内容提出行动或决策；追随者支持推动者和他们的行动；反对者抵制或反对某一行动；旁观者是观察者，对问题本身或人们的行动不持任何立场。

例如，如果焦万纳建议她和拉莎见面喝咖啡，而拉莎说："好，我们见面聊一下吧，但我不想喝咖啡，我们出去走走吧！"拉莎是在跟随焦万纳的行动，反对她们喝咖啡的建议，并提出她自己的行动，即一起去散步。

个人可以在这四种角色之间流畅地转换。[9]然而，团队经常陷入某些特定的模式。例如，一些具有强烈个性的团队可能会陷入转换和抑制转换的模式，每个人都朝着不同的方向发展，没有人会以跟随或反对其他人的行动做出回应。

团队中有人可以做的最有帮助的事情之一是，扮演积极的旁观者。一个无用的旁观者会保持沉默，或退缩，或忍耐，但积极的旁观者通过观察正在发生的事情，注意到团队的行为模式，提出好奇的问题，并指出相关的人际关系动态和习惯，提高团队的意识水平。特别是，旁观者可以通过提出问题引导团队进行双循环学习。

在团队中，伊丽莎白一直扮演着旁观者的角色。她对问题本身没有观点，她只是在观察，并对团队的进程提出建议。但其实我们并不需要一个局外人来做这件事，只要我们确保每个人在不同的时间有效地扮演这些不同的角色。有时我们会采取行动，有时我们会解释为什么反对某个行动方案，有时我们会表达认可，并积极关注我们支持的决定，而在其他时候，我们会跳出内容本身，作为一个积极、建设性的观察者从天窗观察各种情况和团队整体的动态。

心不在焉和全神贯注

为了提高团队的意识水平，在每次团队会议开始前，花点儿时间设定一个目标，使之与我们要解决的问题和我们要为公司创造的利益保持一致。与团队的目标相联系，即使是像这样简短的沟通，也能激励我们把挑战作为一种积极的压力形式。[10, 11] 然后，讨论一下我们希望会议如何进行，我们想要完成什么，并公开讨论什么可能阻碍我们。每个团队成员都可以回答几个问题，比如感觉如何，想从这次会议中得到什么，以及是否有什么事情可能使他无法全身心投入。

带着同样的目的结束会议，并讨论会议进行的情况，也是有帮助的。我们可以询问是否有什么还没讨论到，以及是否完全同意我们已经同意的事情。这将有助于确保我们作为一个整体向前迈进，避免遗留任何问题或误解。

整体大于部分之和

伊丽莎白为团队提供了大量的能量，即使在高风险的适应性挑战中，团队成员也能进入学习状态。在时间紧迫的情况下，他们开始尽可能多地实践这些做法。在会议期间，他们专注于观察自己所处的状态，并在感觉到一个或多个团队成员正在转变为防御状态时，要求进入天窗时刻。起初，这只发生在事情已经变得激烈的时候，他们需要一个相当长的休息时间平静下来。然后，他们开始更快地感知到自己。他们甚至开始一起大笑，因为当他们中的一个人被触发时，他们都会跳起来成为第一个举手的人。与此同时，焦万纳专注于为团队创造心理安全，虽然缓慢但富有成效。她可以看到团队正在打开他们的集体冰山，并以更有效的学习状态来做事。

他们最初的突破发生在一次会议上，这次会议的开始与其他许多会议没什么差别。这个团队正试图以更协同的方式工作，但他们仍然感到被卡住了，无法解决与日俱增的供应链和产品质量问题。

"再来看看，我们在这里需要解决的真正问题是什么？"查德问，"我知道我听起来一定像个破旧的录音机，但我们仍然没有找到问题的根源。"

"只要我们还在破纪录，"罗伯托说，"我附议，同时我建议现在开始投资数据、分析、质量控制和质量保证的流程。我们根本没有足够的数据和洞察回答你的问题，查德。"

焦万纳咬紧牙关，急切地想要干预，让会议回到正轨。然后，她注意到拉莎看起来很恼火，于是停了下来，提醒自己试图控制局面的做法是无效的。她在内心把这视为一个给团队赋能的机会。焦万纳知道拉莎是一个有大局观的人，她问道："拉莎，你是怎么想的？"拉莎看起来有点儿惊讶。"对不起，我不是想针对你，"焦万纳说，"但你看起来很沮丧。我想我们现在都有这种感觉。我也知道你有很好的方法，可以退一步，帮助我们更有战略性地思考这些问题。在你表面的挫折感之下，真正困扰你的是什么？你能重新定义它，并帮助我们摆脱困境吗？"

团队很安静，拉莎思考了一会儿。"嗯，最初我注意到我对罗伯托感到很失望，"她说，"我意识到，我有一种翻白眼的冲动，心想，哦，天哪，他又来了，试图获得更多的预算。然后我对自己先入为主地假设对方的消极意图，还妄加评判感到沮丧。"

"好的，谢谢你这个诚实的回答。"焦万纳说。同时，她有点儿担心这一点儿帮助都没有。她正在尽力做到既不批评，也不介入，把时间留给团队，看看事情会如何发展。"所以，现在开始假设积极的意图。你想如何做出不同的回应？"

接下来是 15 秒的停顿和思考，对焦万纳来说，这是一个极为漫长的过程，因为她正试图以一种新的和不熟悉的方式进行领导，拉莎终于说："查德，你一直说我们没有找到根本原因，我们需要更多数据。而罗伯托，你一直说我们没有解决这个问题所需的数据和洞察。让我们假设你们所说的都是真的，那么我们该怎么办？我知道问题的一部分在于，我们没有在数据、分析和流程方面进行投资，但无论如何，这在未来都会有所帮助。在没有数据的情况下，我们如何在此时此刻解决这个问题？"

焦万纳心里一沉，认为她的新方法根本不起作用，他们又回到了原点。她感到有一种强烈的冲动，想抓住一个他们或许能够解决的问题，即使它不是最大的问题，并开始分配任务，以取得一些进展。但她知道这是她的应激反应，而且一直以来都不起作用。相反，她试图做她刚刚要求拉莎做的同样的事情：提升意识水平，重新定义真正困扰她的东西。

"伙伴们，有没有办法把拉莎的挑战放在心上，真正做一些建设性的事情？"焦万纳担心答案是否定的，但她提醒自己，这不过是在死胡同里走上几分钟，也许会有好的结果。至少，团队成员会看到她正试图以不同的方式进行领导。

团队成员思考了焦万纳的问题和拉莎提出的挑战。"我知道我们没有所需的数据，但数据存在吗？"查德问，"这不是一个反问句。我一直关注我们现有的数据，但这并不足以帮助我们搞清楚状况。市面上是否有我们没有的，但可以得到的数据？"

马克插话说："嘿，在上次会议之后，当我们就共同愿景达成一致时，我一直在考虑我可以做一些事情来协助大家达成目标，比如与我们的供应商建立更可靠的伙伴关系。鉴于最近我们一直在打击他们，如果他们确实对自己的质量问题有看法，我敢肯定他们不会主动把所有数据交给我们。也许我们可以改变这种状况。"

焦万纳也有了灵感："你这样一说，我也不确定我们是否有客户的所有数据。"

拉莎补充说："我们的某些物流和分销伙伴可能有数据。我们会收到关于货物损坏和没有按时发货的报告，但我们从未要求他们提供任何原始数据，甚至也没有问过他们有哪些数据。"

焦万纳开始觉得提出她不知道答案的问题越来越容易，并让团队成员有时间进行深入思考。她问道："还有哪些是我们没有但可以得到的数据？"

"我刚刚想起一件事，"查德最后说，"有一天，我在工厂里和一位运营主管谈话。他没有确切的数据，但他说在过去几个月里他注意到，当组件用这种由 2 乘 4 的木板组成的特定托盘运来时，它们后来往往会出问题。这个供应商常用的木制托盘是用 4 乘 4 的木板做框架的，这样运送来的组件似乎可以正常工作。他不知道为什么，也无法证明什么。但如果他是对的呢？而且除了这个具体问题，可能还有更重要的数据只存在于人们的头脑中。如果向正确的人提出正确的问题，我们就可以获得重要的信息。我从来没有这样想过，但这仍然是某种数据，而且可能对我们有帮助。"

随着讨论的继续，团队意识到可能有更多的数据和洞察有待发现和应用。"你知道，"马克在会议结束时说，"我们说过，我们想要更多基于信任的伙伴关系。如果我们要求他们围绕数据与我们合作，并征求他们的意见，邀请他们帮助解决问题，会怎么样？"

焦万纳很感兴趣："当你说'他们'时，你是指谁？"

罗伯托现在很兴奋，赶紧插话："为什么不是所有的人？合作伙伴、供应商、客户。我们都想解决这个问题，对吗？"

会后，团队继续探索这个想法。他们决定与员工、供应商、合作伙伴和客户一起工作，最终举行了几次协同工作会议，以便更全面地了解问题。不到一个月，他们就找到了问题的根源：该公司的一些新产品被设计得更小，拥有更多数字功能，而且在测量和校准方面更敏感。他们需要从现有和新的供应商那里采购新的、更小的、更敏感的部件。

为了满足新的设计要求，一些供应商不得不改变其设计，启动新的生产线，或在他们自己的供应链中使用外包制造商。为此生产的组件在实验室里往往可靠性很高，在检查时看起来也不错，但它们很脆弱，容易损坏。这些组件的脆弱性，加上更长的物流时间，更多的客户和应用，以及与将速度和准时交货放在首位但处理产品不那么精细的新物流合作伙伴结合在一起，产品故障频发，相关问题引发涟漪效应，进一步掩盖了问题的根源。

有了这个关键的发现，团队继续作为一个整体运作。他们正在放慢脚步，充分听取对方的意见，从长远的角度出发，审视他们需要一起来管理的复杂系统，而不是通过独立管理各个部分去创造一个共同的目标。这有助于他们在需要交付的产品形态上更加一致。也许最大的变化发生在焦万纳身上，她通过关注如何创造心理安全并帮助团队作为一个整体而不是个体来有效地运作，从而成长为一名领导者。

与合作伙伴公开合作，需要团队表现出新面貌、坦诚和勇气、谦逊和好奇心、合作和信任。而团队持续表现出"双重意识"和"刻意冷静"的能力，不仅是个人，而且是作为一个统一的、高绩效的学习型团队。这使得他们不仅能够解决一系列非常棘手的问题，而且最终获得了更强大的客户和商业伙伴关系。

改变你团队的集体冰山

就像个人一样，团队往往有潜在的限制性心智模式，这些心智模式会使他们无法有效地合作，并阻止他们充分发挥潜力。转变团队互动和协作的方式需要从根本上转变这些心智模式。

先选择一个你所属的团队，可以是在工作中，在朋友之间或在志愿者团队里，甚至是在你的家庭中。然后反思你观察到的限制团队表现的行为，以及你如何能够帮助创造改变。用下面的问题来引导这一过程。

1. 眼下的具体情况或挑战是什么？

2. 团队的限制性行为是什么？由此产生了什么结果？

3. 伴随着这些行为的是什么情绪？

4. 有什么是可替代的行为？这些新行为的结果是什么？

5. 伴随着这些行为的是什么情绪？

6. 哪些心智模式和信念限制了团队的表现，是旧有的行为模式的基础？

7. 什么样的心智模式会对团队更有利，并帮助团队实现期望的行为？

8. 我可以采取哪些具体步骤来实现这种改变？

9. 我可以向团队成员推荐哪些实验来提高他们的绩效？

THE
DELIBERATE
CALM
PROTOCOL

第四部分

刻意冷静的
纲要

你的个人行为模式

如果你的梦想不令你感到害怕，那就说明它们还不够大。

——埃伦·约翰逊·瑟利夫

　　练习"刻意冷静"的一个重要步骤是有意识地设计你的生活，这样无论周围发生了什么，你都能更容易地做到脚踏实地、活在当下。你个人的行为模式就是这种设计。它由你每天做出的选择组成，即如何花费你的时间和精力，如何让你意识到自己和周围发生的事情，如何应对你的生活和人际关系，以及你如何安排优先级才能让自己对生活满意。

　　在附录中，我们将提出一个为期四周的挑战计划，帮助你开始增强你"刻意冷静"的力量。在你开始之前，重要的是为日常习惯和实践打下坚实的基础，这将使你更容易训练和建立这种力量。把它想象成马拉松训练。在开始具体的训练方案之前，你要安排好生活的其他方面以做好准备，获得充足的睡眠，吃得好些，等等。你的个人行为模式是对你生活的设计，而四周的挑战训练将是对你的训练。在动荡的环境中实践"刻意冷静"当然是一场马拉松。

无论是否刻意设计，你都已经有一种个人行为模式了。即使不是你有意识地设计出来的，它也值得我们认真研究，我们需要弄清楚它是否适合你。花点儿时间了解你的优势和劣势，以及你可能想要改变生活中的哪些方面或你的哪种角色，这将有助于你在面对适应性挑战时做到"刻意冷静"。

你当下的个人行为模式不会是永恒不变的，它将而且应该随着你周围环境的变化、你的成长和学习，以及你需要的新的支持类型而不断发展。例如，当处于高风险的适应区时，你可能需要改变你的优先事项，以及对时间和精力的分配。其他的生活变化，如开始新的工作，结婚或离婚，失去亲人，生孩子或孩子离巢，经历挫折、挑战和胜利等，往往需要改变我们的个人行为模式，以满足我们不断变化的生活需求和机会。

在忙碌和充满挑战的环境中，我们往往不会退后一步来调整个人行为模式以适应新形势的需要。但是，当你的生活环境发生变化，而你继续按照同一种旧的行为模式行事时，不匹配就有可能出现。我们在本书中多次看到这种情况，当领导者用他们过时的个人行为模式来处理新的、需要重新适应的外部环境时，他们就会陷入困境、精疲力竭，或者做出无效的反应。

我们建议你开始时每隔一周左右重新审视你的个人行为模式，然后每隔几个月或当你发现自己接近重大变化的时候就重新审视。随着你周围环境的变化，把它视为一个动态的工具，而不是一套你固执追求的承诺。毕竟，"刻意冷静"是指，在了解外部和内部动态的情况下做出选择，随着我们周围环境的变化，适应并发现新的学习和领导方式。

四大个人行为模式支柱

个人行为模式将帮助你评估你生活中的四大支柱，以及它们如何支持你培养"双重意识"和"刻意冷静"。这四大支柱是：意识、意义、能量和关系。

在进行下面的反思时，你可以使用以下模板（如图 10-1 所示）。

意识

这根支柱帮助你将"双重意识"带入具体实践场景，你有

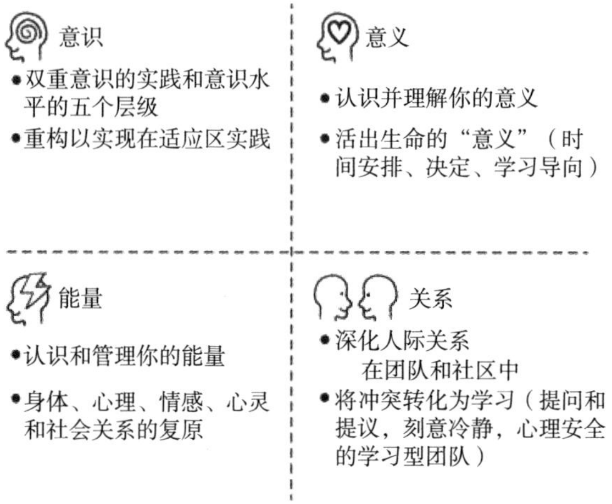

意识
- 双重意识的实践和意识水平的五个层级
- 重构以实现在适应区实践

意义
- 认识并理解你的意义
- 活出生命的"意义"（时间安排、决定、学习导向）

能量
- 认识和管理你的能量
- 身体、心理、情感、心灵和社会关系的复原

关系
- 深化人际关系在团队和社区中
- 将冲突转化为学习（提问和提议，刻意冷静，心理安全的学习型团队）

图 10-1　个人行为模式框架

识别你是在熟悉区还是适应区，你所面临的风险有多大。感知你的内在状态，特别是当你在适应区时，你是处于学习还是防御状态。这根支柱也让我们认识到我们不可能总是处于学习状态，我们也不应该试图这样做。我们需要为反思、复原、娱乐和表现自己留出时间，而且我们需要承认，偶尔陷入防御状态是很自然的。

随着不断地学习和成长，我们在面对自己内心的声音和心智模式时变得更加从容，即使它们不是"有用的"或"适应的"。正如许多其他精神和领导力指南所写的那样，使无意识的东西变得有意识，使无心的东西变得刻意和有选择性。这即便不是生活中最重要的部分，也可以让人具有不可思议的影响力、意义感和成就感。我们希望，你能在你的个人行为模式的这个支柱上下功夫，这不仅会使其他支柱更坚固，而且会在快速变化和不确定的世界中给你带来一些安慰和轻松感。

为了评估你目前在不同情形下的意识水平，请参考以下一些问题。

1. 回想一下你在上周经历的几个要求较高、风险较大的时刻。当时是什么情况？你认为它是在哪个区域：熟悉区还是适应区？

2. 风险是什么，无论是别人可能说的"客观"的风险（具体的），还是你"主观"感觉的风险（你所承受的压力，无论客观现实如何）？

3. 你的内部状态是什么？你在想什么，有什么感觉？你处于学习还是防御或其他状态（放松、随心所欲、复原、表现自己、执行）？

4. 你认为你的内心状态与当时的情况是否匹配？如果不是，不匹配的程度有多少，什么可能更有帮助？

5. 你认为在行动的过程中，你的意识水平处于哪个层级？

第一层级：无意识（意识不到内部状态或外部环境）

第二层级：延迟反应（发生后意识到）

第三层级：觉察（能意识到，但不能在当下做出有效的反应）

第四层级：弹性（能意识到，并能在短暂的停顿或暂停后做出反应）

第五层级：适应（能意识到，能够在当下有效地从防御转为学

习——"双重意识"的实践)

6. 在过去一周左右的时间里，你记得有哪些时刻你经历了以下的内在状态？

　　① 放松或娱乐

　　② 复原

　　③ 高效率执行

　　④ 学习

　　⑤ 防御

　　⑥ 可能走向危险

7. 在学习和防御状态下各找一个时刻，确定你当时的心智模式。你可以通过问"我为什么会有这种感觉和行为？"，然后重复问这个问题三次。

作为提醒，以下是防御和学习状态对应的七种心态：

　　- 固定与成长

　　- 专家与好奇

　　- 被动与创造

　　- 受害者与行动者

　　- 匮乏与丰盛

　　- 确定性与探索性

　　- 底线与机会

8. 本周什么影响了你的意识水平层级和你所处的状态？这里没有正

确或错误的答案，无论出现什么都是好的。

9. 在对上述内容进行反思之后，你对这一支柱的总体评分是多少？从 1（我的意识水平限制了我的潜力，使我远离我想要实现的目标，并对我的生活产生负面影响）到 10（我觉得我已经发展了"双重意识"，在需要的时候我能够做到"刻意冷静"，我的意识水平正在积极改善我的生活），给你的意识实践打分。记录这个分数点，以便在一个月、两个月和六个月后回顾，看看你的进展。

10. 提高你的意识水平对你的生活有什么好处？它能让你做什么？它将如何影响你的工作、人际关系，以及你的能量和成就感？

11. 这个月你可以做什么事情来提升意识水平？你可以从小事做起，从简单的事情做起。例如，以下活动将帮助你提升意识水平：

① 在一周开始的时候，看看你的日程，确定潜在的适应区挑战。

② 试着用意识提醒的方法。例如，戴上一个手环，提醒你检查自己的感觉，以及你是否处于防御、学习或其他状态。

③ 在你的智能手机或手表上设置提醒，提醒你检查自己的状态，并进行简短的呼吸练习。

④ 做一些简短的冥想练习，培养你的意识"肌肉"。

⑤ 开始每天写日记，在一天结束时写下你的思考。

意义

　　这根支柱代表你的生活意义，以及对你最重要的人或事，包括你的价值观、生活原则、家庭和事业。

　　现在，你可能对"意义是什么"这个问题没有答案。如果是这样，让我们看看有哪些方法可以发掘属于你的意义。你可以从反思自己的价值观开始。无论你是否能够阐明你总体的人生意义，我们都有自己相信的、对我们而言很重要的东西，以及我们希望在这个世界上如何展现自己和与其他人沟通的方式。这些是你的价值观，它们与你的意义直接相关。如果你的意义是我们地平线上的一个点，那么遵从你的价值观去生活和工作就是你所追寻的意义。

　　即使已经找到你的意义，反思你的价值观也是有帮助的，这样，无论生活将你带向何处，你都知道如何融入和应对。然后你可以设定你将如何以符合你价值观的方式表现你自己。就像连接更大的意义一样，这是一种情绪调节技巧。当遵循意义行动时，你会更有控制力和决断力。这可以帮助你在面对挑战或未知的情况下保持脚踏实地。

　　思考下面列出的所有价值观，请选择对你的生活方式至关重要的价值观：

- 控制力

- 家庭安全

- 诚信

- 自主性

- 公平

- 成功

- 值得信赖

- 愉悦

- 认可

- 环保意识

- 冒险

- 稳定

- 免受羞辱

- 关心朋友和家人

- 正义

- 世界和平

- 善解人意

- 独立

- 和谐

- 权力

- 传统

- 保护

- 享乐

- 雄心壮志

- 兴奋

- 声誉

- 社区安全

- 影响力

- 支持性

- 放纵

- 选择

- 尊重权威

- 避免尴尬

- 身份

- 精神信仰

- 心胸开阔

- 忠诚

- 你可以添加其他任何你想到的东西

一旦选择了你的价值观，根据每个价值观对你的重要性，在你选择的价值观上分配分数，总分是 100 分。

接下来，想一想在你的生活中，你目前看到你的价值观在哪些方面发挥了重要作用：

- 家庭

- 工作

- 精神

- 朋友

- 社区

兴趣/爱好

在你所了解的对你重要的价值观的基础上，你会怎么描述你的个人意义？下面是几个例子：

1. 我的意义是通过我的日常工作，使我的社区成为一个更安全、更包容的地方。

2. 我的意义是保护环境，给子孙后代留下一个更美的世界。

3. 我的意义是通过孝敬父母和关心朋友来改善我的家庭成员和朋友的生活。

现在你已经框定或回顾了你的意义，让我们花点儿时间来评估你当下状态的成功和挑战（如图 10-2）。你感觉现在哪些方面你做得很好，哪些方面你可能要做出改变？

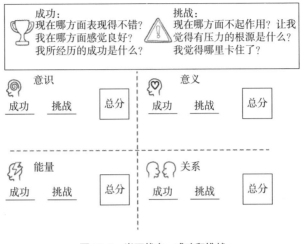

图 10-2 当下状态：成功和挑战

为了帮助你集中思考，以下问题可以帮助你了解你目前在工作或闲暇时在多大程度上实现了你自己的意义。请评定你做出下列行为的频率。对每句话，请选择从不，很少，有时，经常或总是。

I. 我的意义指引着我做出决定——从不，很少，有时，经常，总是。

2. 我在生活的重要时刻寻找意义和目标——从不，很少，有时，经常，总是。

3. 我试图在日常经历中寻找意义和目标——从不，很少，有时，经常，总是。

4. 我寻找对我有意义的经历——从不，很少，有时，经常，总是。

5. 我参考我的价值观，或者对我很重要的东西，来帮助我做决定——从不，很少，有时，经常，总是。

6. 我的意义会影响我的决策过程——从不，很少，有时，经常，总是。

7. 我能够在目前的组织中为我的意义而工作——从不，很少，有时，经常，总是。

在对上述内容进行反思后，你对这根支柱的总体评分是多少？从 1（我非常不清楚我的意义和价值观，我在日常生活中不会反思它，我所做的决定也不以它为指导）到 10（我知道我的意义，我知道什么对我很重要，我定期回顾它，它每天指导我的决策），给你的意义一致性实践打分。一个月后、两个月后，以及六个月后，检查一下你的进展。

现在花点儿时间想一想，你怎样才能更专注于你的意义，并按照你的价值观来生活。你可以尝试哪些行为、习惯或做法？记住，如果想做出真正的改变，你必须把重点放在行为和行动上。要有策略。你将具体做些什么不同的事情？一个建议是，在下个月只专注于一个具体的行为，例如，确保你每天至少花一个小时来做某件"有意义"的事。

能量

这个支柱承载着你的身心健康和复原，包括帮助你恢复充满活力的身体、心理、心灵、情感和社交实践。

正如我们已经详细讨论过的，关注你的能量和全面规划你的复原计划，对你的健康、适应性以及你在颇具挑战性或未知的情况下转变为学习状态的能力至关重要。然而，我们的习惯往往导致我们只优先考虑一两种复原方法，而不是全面的复原计划，或者在我们最需要的时候放弃那些能给我们带来活力和能量的方法。

现在是时候进行定期的复原练习以保持你的能量充沛了。这不是自私自利或放纵！作为领导者，为我们的团队设定良好的复原习惯尤为重要。也许作为领导，我们能做的最重要的事情之一就是定下正确的基调。我们在每次互动中带来的能量都会被观察到，并经常被其他人模仿。当涉及能量和复原的问题时，"照我说的去做，而不是照我做的去做"是绝对不行的。

虽然每个人对复原的需求都是高度个性化的，但全面的复原包括充足的睡眠、运动、营养、真实的人际沟通、让你有成就感的活动、内省、专注、休息以及与你的意义相一致的活动。请注意，这是对普通人的一般性建议。在你对营养摄入或生活方式做出任何改变之前，请咨询你的医生，做出具体判断。

生活中的一天

下面的例子展示了一个忙碌的人如何才能过上身心平衡的一天。你会看到，锻炼强度是次要的，关键是一天中穿插出现的复原时刻。

起床后的意识行为

克制住伸手去拿手机的冲动！至少花 20 分钟进行非工作性质的晨练。

晨练

每天早上设计一些计划和运动。例如，刷牙时深呼吸并微笑，思考一天的事情。你想做什么？你想成为谁？在冲咖啡或烧水的时候，你可以花几分钟做一点儿锻炼，如拉伸。

工作时的运动

考虑一下你是否真的需要坐在办公桌前参加下一次会议，或者你是否可以边走边开会。

经常休息

确保每两个小时就活动一次，无论是去喝杯水还是做一些呼吸练习和伸展运动。事实上，你可以设置一个提醒。

不间断的工作模块

在一天中安排几个（或至少一个！）不受干扰的时间段，以专注于真正需要脑力和创造力的工作。在你的日历上留出这段时间，这样你的时间就不会被会议或电子邮件填满。事实上，关闭你的电子邮件提醒，这样你就不会被引诱去阅读和回复收到的信息。

每日赞赏

考虑一下你的哪些朋友、家人或同事会从一个简单的短信、电子邮件或电话中受益。给他们发一个简短的信息，让他们知道你在想他们。

无情地确定优先次序

我们每个人都是不同的，但我们的生产力一般在

6～8 个小时的工作后开始下降。在工作日接近尾声时，问问自己："今天真正要完成的是什么？哪些可以推迟到明天，甚至可以从待办事项清单中删除？"

坚定不移地复原

无论是与爱人共进晚餐、上健身课、练瑜伽，还是自己静静地待着，都要在日历上留出时间来做那些能让你保持健康的事情。

宽容和自我同情

生活并不总是按照你希望的方式进行。每天都有棘手的问题出现，而你面临的工作也可能和你的预期不一样。如果这是你所挣扎的事情，考虑一下自我同情的做法，以度过这些时刻。

夜间感恩

在晚上，写下或说出让你感激的三件事，以及你感激它们的原因。要具体，并尝试每天提到一些新事情。

睡觉时间

把你的手机放在另一个房间（生物钟就有效）。至少在睡前一个小时不要看电子邮件、新闻或进行激烈的讨论。

现在你对全面复原有了一个更清晰的概念，请问自己以下问题。

1. 哪些复原措施目前对我来说是有效的？

2. 哪些复原方法对我不再起作用，或者我在哪些方面存在挑战？

3. 在对上述内容进行反思后，我对这根支柱的总体评分是多少？从1（我在日常生活中没有整合复原实践）到10（我在日常生活中整合了复原实践，并且能够灵活地坚持下去），给自己的能量复原打分。记下这个分数点，在一个月、两个月和六个月后回顾，看看自己的进展。

4. 在管理能量方面，现在对我来说最重要的是什么？为了帮助我在这方面做得更好，我可以在一个月内做的一件事是什么？

关系

这一支柱包含了你在生活中不同类型的关系中所扮演的所有

角色——在工作中与同事和团队成员的关系，在生活中与家庭成员、朋友、社区成员的关系，等等。它体现了你在人群中扮演的角色——工作中的团队，你的家庭，你所在的社区，如宗教团体和志愿者组织，甚至是朋友圈。最后，还有其他人与你一起扮演的角色，无论你是否已经培养和深耕了一个帮助你茁壮成长的关系网络，不仅是你扮演的角色，还有你希望和需要别人在你生活中扮演的角色。

虽然我们在本书中主要关注的是我们作为领导者的角色和关系，但我们也看到了我们作为领导者、合作伙伴、父母、社区成员和朋友等各种角色之间的冲突是如何耗尽我们的电量，让我们精疲力竭的。同样明显的是，我们隐藏的冰山不仅在工作中影响着我们，而且在生活的方方面面都影响着我们。而在一个领域被情绪左右时，我们更有可能在其他领域也这样。我们一次又一次地看到，在工作中面临高风险的适应性挑战会导致我们在家里表现出防御行为。因此，重要的是要意识到并反思你想在你生活的各个领域如何表现，以及你想如何平衡你目前所扮演的每个角色，使它们与你的优先事项保持一致。

首先列出现在对你来说最活跃的关系（例如，你与你管理的人、你的孩子、你的配偶、你的亲密朋友）。我们很容易忘记有多少种关系是我们积极参与的。把它们列出来将帮助你更清楚你的优先事项，而且作为一种奖励，这也提醒你社会关系是你生活中的一笔财富。同时，还要说出你在其中发挥积极作用的群体（例如，你工作中的团队、教会团体和朋友圈）。

接下来，问自己以下问题：

1. 在这些关系中，我是如何表现的？哪些方面做得很好？

2. 哪些方面我实际的表现方式与设想的不一致？哪些关系让我感到紧张或让我失去关注？

3. 我最想和谁相处，为什么？

4. 从现在起的十年里，我希望谁能出现在我的生活中？为什么？

5. 我是否有足够多的朋友，是否花了足够多的时间与那些让我充满活力的朋友在一起？

6. 我的生活中是否有人帮助和支持我，并满足我对归属感、娱乐、爱、成就、能动性和独立性的需求？

7. 为了让我在生活中的某些关系中表现得更好，我需要改变什么？

8. 在对上述问题进行反思后，我对这一支柱的总体评分是多少？从1（我对自己管理人际关系和我所在社区的方式感到不满意，我很难以我想要的方式表现自己，我也没有参与支持我成长的社会网络）到10（我对自己管理人际关系和我所在社区的方式感到非常满意，我能够以我想要的方式表现自己，我参与了一个支持我成长的社会网络），给自己的社会关系实践评分。在一个月、两个月和六个月后检查时回顾，看看自己的进展。

9. 在接下来的一个月里，我想通过提高意识水平，尝试一种新的关系或沟通方式，或者从一种新的心智模式出发，在我的人际关系或社区中关注的一件事是什么？

你理想的一周与你目前的状况

希望你能很好地了解在你目前的个人行为模式中哪些是有效的，哪些是无效的。但这意味着什么呢？花点儿时间描绘出你理想中的一周是什么样子的。这一周不应该是休假的一周，而是你日常的一周，一切都按计划进行，你没有遇到任何难题。（我们知道这是很不典型的！）仔细地规划你想象中理想的一周，并牢记这些问题：

1. 你的日常工作是什么样子的？

2. 你会如何度过你的时间？在会议、重点工作、与他人合作、单独工作、娱乐活动、与朋友和家人相处等方面，你的理想平衡点在哪里？

3. 你会参与哪些意识实践，多长时间参与一次？

4. 你将以何种方式与你的意义匹配？

5. 你会优先考虑哪些活动？

6. 你会如何复原你的能量？

7. 你将如何在你的个人生活和职业生涯中表现自我？

8. 你和谁在一起的时间最长？

现在，将这理想的一周与你目前生活中实际的一周进行比较：

1. 这两个星期有多相似？它们在哪些方面有所不同？

2. 为了缩小理想和现实之间的差距，你可以在短期内做出哪些小改变？

3. 为了缩小差距，你可以在长期内做出哪些更大的改变？

为成功做好准备

反思和计划很重要，但在现实世界中，它们的作用也就如此。当面对日常的挑战和新的压力时，你很容易陷入旧的模式。记住以下这些提示，让你的改变坚持下去。

这是一个团队的努力：没有人的行为模式是在真空中运作的。请你周围的人帮助你保持这份责任感。选择一个伙伴分享你的行为模式目标，并定期向他汇报，甚至可以每天汇报。这个人可以是一个值得信赖的同事、朋友，甚至可以是你的配偶。当与这个伙伴分享你的意图时，你要对反馈和建议持开放态度。其他人往往能看到我们难以注意到的东西，例如盲点或我们认为理所当然的事。

让你的时间与你的意图相一致：许多领导者发现，在自己的日程安排中留出时间来训练意识能力效果会很好。留出时间思考和提升你的意识水平，留出时间进行复原，留出时间做有意义的工作。不要以为良好的人际关系和团队合作会"自然发生"。花时间去做，这是一项值得优先考虑的重要工作。另一个建议：在每天结束时为第二天的工作留出专门的准备时间。思考明天怎样才能有一些专门的时间用于意识、意义、能量和关系？

尝试一些小步骤，通过仪式感来创造一种反馈循环：巨变令人生畏，会导致拖延和失败。尝试一些小的步骤和习惯，包括一些最基础的东西，这是你无论如何都想达成的最低限度的成就。例如，如果你发现你需要全面复原，不要在所有领域都像专业运动员一样设定复原的目标。相反，从小事做起，设定一个目标，每天至少休息两次。每次五分钟，做个小冥想或做些运动，看看它对你有什么影响。

除了从小事做起，通过经常检查自己（也许还可以监督你的伙伴）和优化你的成功、挑战和意图来创建一个反馈机制，这是另一种取得真正进展的方式。认可、庆祝和反思已经成功的事情——无论多么小。随着时间的推移，你可能还想和你的团队一起探索这种心智模式。最重要的是，你要对自己的个人行为模式负责任。

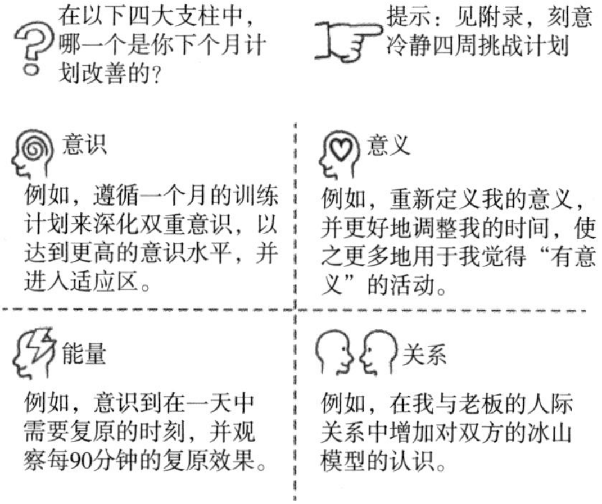

在以下四大支柱中，哪一个是你下个月计划改善的？

提示：见附录，刻意冷静四周挑战计划

意识

例如，遵循一个月的训练计划来深化双重意识，以达到更高的意识水平，并进入适应区。

意义

例如，重新定义我的意义，并更好地调整我的时间，使之更多地用于我觉得"有意义"的活动。

能量

例如，意识到在一天中需要复原的时刻，并观察每90分钟的复原效果。

关系

例如，在我与老板的人际关系中增加对双方的冰山模型的认识。

图 10-3　下个月的目标

一个人可以选择后退走向安全，或者前进走向成长。我们必须一次又一次地选择成长，我们必须一次又一次地克服恐惧。

——亚伯拉罕·马斯洛

2018 年，加拿大总理贾斯廷·特鲁多说："变化之快，前无古人；步伐之慢，后无来者。"在我们这个日益动荡、不确定、复杂和模糊的世界中，旧方法在崩溃，新方法在涌现，作为领导者，我们必须不断适应，我们将创造一个新的世界，自豪地把这个世界留给下一代人。对我们每个人来说，这种适应性可能会在我们生活的不同层面发挥作用：在我们的家庭中、在我们的团队和组织中、在我们的国家里，以及在整个世界上。

我们谁都不知道拐角处潜伏着何种颠覆或变化。但我们确实知道，随着世界的变化，学会适应对我们来说越来越重要，同时这也越来越难做到。世界现在需要的是那些即使在最具挑战性的情况下也能成为学习者的领导者。为了成为这种学习型领导者，我们必须提升自己的意识水平，这样我们才能突破将我们束缚在过去的习惯，用新的眼光看世界，开辟新的方式与他人和不断变化的世界进行联系。

这意味着，从今天开始练习"刻意冷静"再好不过了。这样做可以帮助你解锁适应性悖论，以便你能够学习、适应、成长，并取得成功，无论你周围发生了什么，或者你可能面临什么挑战。如果没有处于混乱或危机之中，你似乎没有理由现在就开始练习"刻意冷静"，但实际上现在是开始锻炼这种"肌肉"为未来的不确定性做好准备的最佳时机。如果正在面临某个重大的变化或挑战，那么你可能没有时间将新的行为方式融入你的生活。但在做出反应之前你总有足够的时间暂停，并做出"刻意冷静"的选择，在这种情况下，现在放慢速度意味着以后会加速。我们鼓励你现在就开始应用这些技巧，无论你的个人生活或职业生涯发生了什么。

回想一下萨伦伯格机长，我们用他的故事作为本书的开头。他只有几秒钟的时间来决定是按照旧有的游戏规则返回机场，还是适应他所面临的情况，尝试新的方案，他让这几秒钟变得非常重要。无论面临什么，你现在都拥有掌控情绪所需的工具，并能够利用你的所有能量源选择最好的应对措施。

考虑到这一点，我们希望你能立即开始刻意冷静四周挑战计划，启动你的练习，并让自己做好准备，以应对生活中的任何事情。"练习"这个词是关键。你不会在今天、在四周结束时，或者永远都不可能完美地做到这一点，你也不需要这样做。我们当然不需要！但是，接受和拥抱你的本能是这个过程的关键。

在前进的过程中，我们鼓励你分享你学到的东西。仅仅是练习"刻意冷静"就会对你周围的人产生影响。你也有机会将这些技能传授给别人，在你的家庭、团队、社区乃至整个世界中引发涟漪效应。我们写这本书基于这样一种乐观态度：随着意识水平的提高，我们可以一起成长，以同理心、信心和希望迎接未来的挑战。感谢你选择成为这场运动的一部分。

FOUR WEEKS TO DELIBERATE CALM

APPENDIX
附录 ■

刻意冷静
四周挑战计划

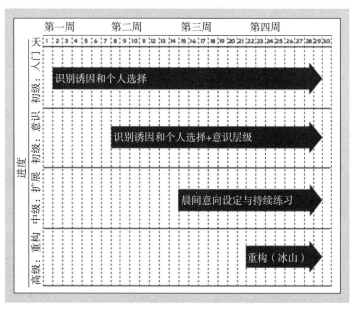

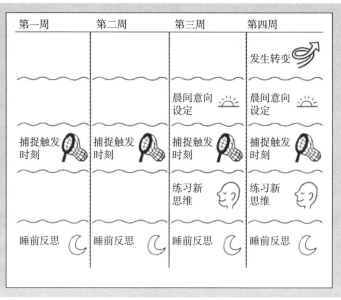

种一棵树最好的时间是十年前，其次是现在。

——中国谚语

现在你已经有了某种个人行为模式，是时候开始锻炼你刻意冷静的"肌肉"了。在接下来的四周里，你将要开始做一些练习，帮助你了解你所处的环境和情况对你的要求，帮助你做出更好的、有意识的选择，有效地应对挑战，并在更深的层次上发生转变。这样，无论周围发生了什么，你都不太可能转为防御状态。你可以选择立即开始这个练习，或者先花一些时间尝试新的个人行为模式。无论选择哪种方式，你都应该在你对新事物充满希望和兴奋的时候启动这个练习。养成新的习惯需要时间。[1, 2, 3]我们建议你从这四周的练习开始，然后持续练习。

在练习的第一周，你将专注于识别诱因，以及你在当下如何回应。在第二周，你将努力认识到你目前的意识层级。在第三周，你就要增加"刻意冷静"的练习，再向前迈进一步。在第四周，你将致力于重构你冰山的转变过程。虽然"刻意冷静"是一个终身练习，不是你在四周内就能完成的，但在这一阶段结束时，你应该会看到你实践"双重意识"的能力有了显著提升，在面对挑战和不确定性时，你会保持平静，也会有更多的选择。

第一周

初级 / 入门

本周，你将更清晰地意识到你进入防御状态的时刻，这样你就可以开始意识到这种情况发生的频率和诱因，以及它如何影响你的思想、情感和行为。通过练习，你将能够实时捕捉到自己转变为防御状态的过程。在练习的后期，我们将增加"刻意冷静"的工具，帮助你在这些时刻从防御状态转向学习状态，甚至提前做好准备。这样无论周围发生了什么，你都能保持学习状态。

日常练习

捕捉触发时刻

本周你的目标是每天抓住或意识到四个"触发时刻"。在这些时刻你感到强烈的情绪和情感冲动。这意味着你很可能处于一种防御状态。这可以发生在任何情况下，从高风险的适应性时刻到日常熟悉区的低风险时刻。

在每个触发时刻之后，写一个简短的总结，包括所发生的事情、你的感觉、你的想法以及你的行为。你可以把日记本带在身边，或者用手机记录这些时刻。请每天都这样做。虽然你的目标是每天抓住四个这样的时刻，但如果多于或少于四个也没关系。

为了让你有一个形象的概念，下面是一个例子。

触发时刻：我和妻子一起装洗碗机，她"指示"我如何做得更好。

感受：我被激怒了。

思考：鸡毛蒜皮的事儿。谁关心洗碗机是怎么装的呢？

行为：沉默并逃避。

睡前反思

每天晚上，你要花十分钟反思，反思那些被触发的时刻，它们是如何影响你的行为的，以及为什么。花时间进行反思对整个练习和以后的推进都至关重要。这是一种很有效的处理一天中所发生的事情的方式，创造了倾听你内心世界的空间，让你从被触发的时刻抽离出来。哪些时刻是不好处理的？为什么？你的感觉如何？为什么你的反应是这样的？反思有助于你看到事情的全貌，看到你自己的应激行为及其驱动因素。

在这些你被触发的关键时刻中，哪一个对你来说是最有压力的？

_____

用一句话描述你认为触发这一时刻的诱因是什么。它可能是某人说的话，你的一个想法，你听到的一个声音，或者你看到的东西。

_____

今天让你感觉压力最大的时刻大约发生在什么时候？

_____

你会把你此刻的想法描述为防御性的（防卫的、恐惧的、愤怒的、消极的）还是学习性的（好奇的、积极的、乐于体验的）？

_____

从 1 到 10，就你体内的能量水平（1= 低能量，10= 高能量）而言，你在这一刻的身体感觉如何？

_____

从 1 到 10，你在这一刻的感觉是愉快还是不愉快（1= 不愉快，10= 愉快）？

_____

你在这一时刻体验到了什么情绪（例如，兴奋、热情、欢欣鼓舞、心烦意乱、焦虑、沮丧、压力、紧张、担忧、悲伤、木讷、无聊、平静、放松、宁静、满足，或其他任何你想到的情绪）？

从 1 到 10，你对这种情况的总体反应是什么（1= 我远离了我的目标，我的反应是适得其反的，对我在这种情况下想要实现的目标没有帮助；10= 我向我的目标迈进，我的反应是有成效的，对我在这种情况下想要实现的目标有帮助）？

退一步讲，反思一下你所处的情况，你认为这种情况需要什么？这是一个熟悉区的情况，要求你专注于你已经知道的东西，还是一个适应区的情况，需要一些新的东西？

除了感到被触发的时刻，今天你选择面对哪些经历和情形？又有哪些经历和情形你选择了回避？为什么？哪些学习成长的机会你抓住了，哪些你想晚些再看，哪些你错过了？

在结束每晚的反思之前，深吸一口气，花点儿时间思考一下这个练习，以及你是否产生了任何新的洞察。你明白自己的模式了吗？

第一周小结

在本周结束时，你将记下大约 28 个适应性时刻，并完成 7 次夜间反思。你能在你的触发时刻和应对方式中发现任何规律吗？例如，这些时刻是否发生在一天中类似的时间里，或者发生在你从事同样的活动、与特定的人互动时？你的反应是什么样的？在每个时刻，你的想法、情绪和身体感觉是相似的还是不同的？你是如何表现的？

现在，多花点儿时间思考一下这一周的整体情况。本周你发生了什么事？你是否经历了任何"啊哈"时刻？如果没有也没关系，你在日渐提高你的感知力，下周我们会更进一步。

第二周

初级 + 意识

本周，除了捕捉你被触发的关键时刻，你将开始认识到在这些时刻你处于意识水平层级的哪一层。随着不断练习，你可能会开始看到你的意识水平在上升。然而，这往往不是一个线性过程。有时遇到瓶颈、停滞不前，甚至倒退都是完全正常的。对自己要有耐心，相信自己正在取得进步，即使在你看来这并不明显。

日常练习

本周你的行动将与第一周非常相似，因为你将继续加强你的双重意识。

捕捉触发时刻

再一次，尝试每天意识到四个触发时刻。然后，在事件发生不久后写下发生的事情，你的想法、感受和行为。你可以把日记本带在身边，或者用手机做记录。

睡前反思

然后，你将在每天晚上通过回答以下问题完成一次稍微深入一点儿的反思：

在每个触发时刻，你发现自己主要是在哪个意识水平层级上做出反应的？

第一层级：无意识（意识不到内部状态或外部环境）

第二层级：延迟反应（发生后意识到）

第三层级：觉察（能意识到，但不能在当下做出有效的反应）

第四层级：弹性（能意识到，并能在短暂的停顿或暂停后做出反应）

第五层级：适应（能意识到，能够在当下有效地从防御转为学习——"双重意识"的实践）

哪一个触发时刻对你来说压力最大？

_____

用一句话描述你认为触发这一时刻的诱因是什么。它可能是某人说的话，你的一个想法，你听到的一个声音，或者你看到的东西。

_____

今天让你感觉压力最大的时刻大约发生在什么时候？

_____

在这个压力最大的时刻，你的意识水平处于哪个层级？

第一层级：无意识（意识不到内部状态或外部环境）

第二层级：延迟反应（发生后意识到）

第三层级：觉察（能意识到，但不能在当下做出有效的反应）

第四层级：弹性（能意识到，并能在短暂的停顿或暂停后做出反应）

第五层级：适应（能意识到，能够在当下有效地从防御转为学习——"双重意识"的实践）

你会把你此刻的想法描述为防御性的（防卫的、恐惧的、愤怒的、消极的）还是学习性的（好奇的、积极的、乐于体验的）？

_____

从 1 到 10，就你体内的能量水平（1= 低能量，10= 高能量）而言，你在这一刻的身体感觉如何？

从 1 到 10，你在这一刻的感觉是愉快还是不愉快（1= 不愉快，10= 愉快）？

你在这一时刻体验到了什么情绪（例如，兴奋、热情、欢欣鼓舞、心烦意乱、焦虑、沮丧、压力、紧张、担忧、悲伤、木讷、无聊、平静、放松、宁静、满足，或其他任何你想到的情绪）？

从 1 到 10，你对这种情况的总体反应是什么（1= 我远离了我的目标，我的反应是适得其反的，对我在这种情况下想要实现的目标没有帮助；10= 我向我的目标迈进，我的反应是有成效的，对我在这种情况下想要实现的目标有帮助）？

退一步讲，反思一下你所处的情况，你认为这种情况需要什么么？这是一个熟悉区的情况，要求你专注于你已经知道的东西，还是一个适应区的情况，需要一些新的东西？

除了感到被触发的时刻，今天你选择面对哪些经历和情形？又有哪些经历和情形你选择了回避？为什么？哪些学习成长的机

会你抓住了，哪些你想晚些再看，哪些你错过了？

在结束每晚的反思之前，深吸一口气，花点儿时间思考一下这个练习，以及你是否产生了任何新的洞察。你明白自己的行为模式吗？

第二周小结

在第二周结束时，你应该已经记下了 40～60 个触发时刻，并完成了 14 次睡前反思。你可能开始观察触发你的诱因和你反应之间的规律。花点儿时间把这些记下来。同时反思这一周的情况。你发现自己被触发的频率比第一周多了还是少了？你对触发时刻的体验和当下的反应与之前有什么不同吗？

现在你为期四周的练习已经过半。你已经为显著提升"双重意识"的能力奠定了基础。下周，你将开始学习"刻意冷静"的工具，这样你就能学会在当下完成从防御到学习的转变。这仅仅是个开始！

第三周

扩展

本周，你将努力开始预测触发时刻，更好地应对特定的情况。换句话说，你将在此刻实践"双重意识"。你将继续捕捉你在一天中的触发时刻，同时预测你可能进入的区域，以及哪些时刻最有可能触发你。为了帮助预测这些时刻，你要增加一项练习，即晨间意向设定。

意向设定的好处与你跟自己的目标连接时身体、心理、情感和表现上获得的好处类似。就像有了更大的目标感一样，这种练习为你可能感到的任何压力或紧张赋予了积极意义。它会让你采取一种学习心态，避免胆怯的心理，这样你就不太可能被你的情绪左右。以这种方式，你可以在触发时刻抛出一个小小的锚，它会让你稳定下来。

这不仅是一种有益的日常练习，在遇到困难的时候，预先设定你想要如何表现，可以帮助你在最重要的时刻保持学习状态。这种练习可以增强你大脑的预测能力。在进入谈判或其他任何你知道可能有争议或困难的会议或境遇之前，这会特别有帮助。

当然，这需要你事先意识到什么时候你最有可能转入防御状态。在一天开始的时候，花几分钟过一下你的日程安排，确定高风险话题。先为你想要完成的任务以及你希望自己和他人的互动过程如何展开设定一个目标，这可能会很有帮助。这使你能够预测"情绪爆点"或需要学习心态介入的情况，为你提供一个防止产生应激反应的堡垒。

目标清晰后，这周你还将努力在高风险时刻从防御转向学习。和前两周一样，你将在每天结束时进行十分钟的反思练习，继续提高你的意识水平，深入了解是什么在驱动你的行为。到本周结束时，你将准备好进行转型练习，以实现更深入、更持久的变化。

日常练习

捕捉触发时刻

再一次，尝试每天意识到四个触发时刻。然后，在事件发生不久后写下发生的事情，你的想法、感受和行为。你可以把日记本带在身边，或者用手机做记录。

晨间意向设定

> 每天早上，找一个安静的地方，不受干扰地坐十分钟。如果可能，我们建议在看手机之前做这件事。回答以下关于未来一天的问题：

你今天的希望／愿望／目标是什么？什么会让你今天过得还不错？

_____

你今天想成为谁？在他人面前你将如何展示自己？

_____

这一天要求你做什么？什么样的挑战或机会让你保持好奇心，并有可能放弃你原定的计划？

_____

什么会让这一天对你来说变得有价值和有意义？

_____

你今天可能面临哪些潜在的高风险情况或触发时刻？当你想优先保持学习状态时，你是否有可能处在适应区？

_____

探索这些潜在的高压或挑战时刻，你认为导致你感受到压力的关键因素是什么？是否有办法重构这种情况，让你更容易以不同的方式经历并做出建设性的反应？

处理这些特殊的情况需要什么，是专注于执行你已经知道的东西，还是专注于保持开放、学习的心态？

为一天中的相关时刻设定一个意向。试着想象以下情况：

1. 你希望发生什么？

2. 你想如何思考和感受？

3. 你希望别人怎么想，怎么感觉？

4. 在这个特定的时刻，你想如何表现？

思考一下你想在这个特定的时刻如何表现，你能提前做些什么，以便为一天中的重要时刻做好充分准备（例如，事先快速散步，吃一顿营养丰富的午餐，或者花点儿时间做几次深呼吸）。

从防御到学习的转折点

本周，当你注意到你正在经历触发或适应性时刻时，你将开始积极尝试通过使用生理性工具，或者在心理上重构的办法，或者两者兼用来帮助你从防御转向学习。你可以通过暂停来实施这些工具，或者尝试在当下转向学习状态来进行实验。随着练习的进行，你应该能够越来越快地做出这种改变。对自己要有耐心，因为这确实需要时间。当你试图采纳这些工具时，无论如何都会有这样的时刻，即你会被情绪左右。这没关系，因为我们的目标不是一直停留在学习状态中。

生理性工具

当注意到自己遇到一个触发或适应性时刻时，你可以采用以下一个或多个快速而简单的干预措施帮助自己的身体平静下来，这样你就可以进入学习状态。

1. 深呼吸，呼气的时间要比吸气的时间长。

2. 拓宽视野，将你周围所见尽收眼底。

3. 轻快地走 5～10 分钟。

4. 有意用较低的、温和的声调说话。

5. 用腹部呼吸（腹式呼吸），而不是用胸部呼吸。

心理上重构

正如我们前面讨论的，一些心智模式在我们处于熟悉区时可能适合我们，但当处于适应区时，我们的反应就不那么有效了。有意识地从学习心态而不是现状 / 限制性心态出发，可以帮助你进入学习状态。本周，当注意到自己遇到适应性或触发性时刻时，你可以试着转向以下学习心态中的一种：

成长思维——当我们从成长心态出发时，我们相信我们可以随着时间的推移发展我们的智力并获得新技能。

好奇心态——带着好奇心，我们愿意提出问题、探索和发现。在学习状态下我们渴望从尝试新事物中学习。

创造心态——凭借创造心态，我们就能以目标为导向，使自己和他人有能力探索新的可能性，尝试创新的解决方案。

行动者心态——有了行动者心态，我们就能保持一种内在的控制力。我们知道，在合理的范围内，我们有能力尝试新事物，克服挑战，并完成我们想做的任何事情。

丰盛心态——有了丰盛心态，我们看到资源是丰富的，不需要争夺。挑战是潜在的双赢局面，等待我们去发现。在面对谈判时，这是一种特别有用的心态。

探索性心态——有了探索性心态，我们就会对计划之外的可能性持开放态度。我们不知道未来会发生什么，所以我们相信，成功的最佳方式是提前计划，但在前进的过程中保持灵活和好奇心，时刻关注未曾预见的机会。

机会心态——有了机会心态，我们就会寻找潜在的机会，而不是潜在的陷阱，并相信我们可以把事情做好。

睡前反思

本周，你将在每天晚上通过回答以下问题完成稍微深入一点儿的反思：

在每个触发时刻，你发现自己主要是在哪个意识水平层级上做出反应的？

第一层级：无意识（意识不到内部状态或外部环境）

第二层级：延迟反应（发生后意识到）

第三层级：觉察（能意识到，但不能在当下做出有效的反应）

第四层级：弹性（能意识到，并能在短暂的停顿或暂停后做出反应）

第五层级：适应（能意识到，能够在当下有效地从防御转为学习——"双重意识"的实践）

哪一个触发时刻对你来说压力最大？

_____

用一句话描述你认为触发这一时刻的诱因是什么。它可能是某人说的话，你的一个想法，你听到的一个声音，或者你看到的东西。

_____

今天让你感觉压力最大的时刻大约发生在什么时候？

_____

在这个压力最大的时刻，你的意识水平处于哪个层级？

第一层级：无意识（意识不到内部状态或外部环境）

第二层级：延迟反应（发生后意识到）

第三层级：觉察（能意识到，但不能在当下做出有效的反应）

第四层级：弹性（能意识到，并能在短暂的停顿或暂停后做出反应）

第五层级：适应（能意识到，能够在当下有效地从防御转为学习——"双重意识"的实践）

你会把你此刻的想法描述为防御性的（防卫的、恐惧的、愤怒的、消极的）还是学习性的（好奇的、积极的、乐于体验的）？

———————————————————

从 1 到 10，就你体内的能量水平（1= 低能量，10= 高能量）而言，你在这一刻的身体感觉如何？

———————————————————

从 1 到 10，你在这一刻的感觉是愉快还是不愉快（1= 不愉快，10= 愉快)？

———————————————————

你在这一时刻体验到了什么情绪（例如，兴奋、热情、欢欣鼓舞、心烦意乱、焦虑、沮丧、压力、紧张、担忧、悲伤、木讷、无聊、平静、放松、宁静、满足，或其他任何你想到的情绪）？

从 1 到 10，你对这种情况的总体反应是什么（1= 我远离了我的目标，我的反应是适得其反的，对我在这种情况下想要实现的目标没有帮助；10= 我向我的目标迈进，我的反应是有成效的，对我在这种情况下想要实现的目标有帮助）？

你是否能够使用生理性工具来提高工作效率？哪些是有效的，哪些是无效的？

你是否能够使用心理上的重构技巧来提高效率？什么有效，什么无效？

退一步讲，反思一下你所处的情况，你认为这种情况需要什么么？这是一个熟悉区的情况，要求你专注于你已经知道的东西，还是一个适应区的情况，需要新的东西？

除了感到被触发的时刻，今天你选择面对哪些经历和情形？又有哪些经历和情形你选择了回避？为什么？哪些学习成长的机

会你抓住了，哪些你想晚些再看，哪些你错过了？

在结束每晚的反思之前，深吸一口气，花点儿时间思考一下这个练习，以及你是否产生了任何新的洞察。你明白自己的行为模式吗？

第三周小结

在本周结束时，你应该记下了 60～80 个触发时刻，并完成了 21 次睡前反思。花点儿时间反思一下这一周。哪些行为模式不断出现？当你试图从防御转向学习时，你有多少次成功了？哪些方法有效，哪些无效？你有没有注意到你是否能够越来越快地捕捉到触发时刻？现在，你的意识水平层级越来越高，获得的工具越来越多，下周你将致力于改变目前对你不利的行为。这就是真正的转变开始的时候。

第四周

重构

本周，你将确定一个你想改变的行为，发现驱动这一行为背后的限制性心态，发展一个更有利的心态来支持你所期望的行为，并创造时机从你新的学习心态出发继续练习。

一次性的转化练习：从旧模式到新模式

与其他每天都要完成的练习不同，这个练习只做一次，在第四周开始时做。

首先回顾一下过去三周的情况。到目前为止，你应该差不多掌握了自己的行为模式。花点儿时间思考一下会触发你的诱因，然后回答以下问题：

在这些不断触发你的诱因出现时，你有哪些行为模式？

在触发时刻你表现出的应激反应有哪些模式？这些可以是你所做的事情，如大喊大叫、抱怨、批评、退缩或变得咄咄逼人；也可以是你没做的事情，如不分享你的意见，避免给出直接反馈，或不承担责任。

在睡前反思中，你注意到你的反应何时使你远离了你的目标。在这些时候，你做了什么或没有做什么？你很可能已经找出了一两种无益的行为模式。

选择一个不断出现的、对你来说很重要的与结果相关的行为，如给予反馈、微观管理或不负责任。

> **本周，你可以做出选择，通过发现和改变驱动这种行为的潜在心态来改变这种行为。问问自己以下几个问题：**

我的哪些行为妨碍了我实现目标？（这是你想要摆脱的行为。）

我通常在什么情况下表现出这种行为？这是在熟悉区还是在适应区？这种情况需要什么？

我在这种情况下的感受是什么？

在这种情况下，我脑子里会有什么想法？

是什么样的心态让我产生了这些想法、感觉和行为？

这种心态是如何为我服务的？

为什么这种心态对我无用？

如果我不再以这种心态行事，我的生活会有什么不同？

如果改变这种行为，我会担心发生什么？

如果改变这种行为，可能发生的最糟糕的事情是什么？

如果继续这样的行为，最有可能发生什么？

在这种情况下，我可以选择哪种更有利的心态来操作？

如果我想象自己带着这种新的心态回到这种情况下，会有什么感觉和想法出现？这些与以前有什么不同？

基于这些想法和感受，我自然会表现出什么行为？（这是你想要转变的行为。）

如果我继续在这种新的心态下做出反应，可能会出现什么结果？

我可以做哪些小实验来练习从这种新的心态出发的反应行为？

日常练习

捕捉触发时刻

再一次，尝试每天意识到四个触发时刻。然后，在事件发生不久后写下发生的事情，你的想法、感受和行为。你可以把日记本带在身边，或者用手机做记录。

晨间意向设定

> 每天早上，找一个安静的地方，不受干扰地坐十分钟。如果可能，我们建议在看手机之前做这件事。回答以下关于未来一天的问题：

你今天的希望/愿望/目标是什么？什么会让你今天过得还不错？

你今天想成为谁？在他人面前你将如何展示自己？

这一天要求你做什么？什么样的挑战或机会让你保持好奇心，并有可能放弃你原定的计划？

什么会让这一天对你来说变得有价值和有意义？

你今天可能面临哪些潜在的高风险情况或触发时刻？当你想优先保持学习状态时，你是否有可能处在适应区？

探索这些潜在的高压或挑战时刻，你认为导致你感受到压力的关键因素是什么？是否有办法重构这种情况，让你更容易地以不同的方式经历并做出建设性的反应？

处理这些特殊的情况需要什么，是专注于执行我已经知道的东西，还是专注于保持开放、学习的心态？

为一天中的相关时刻设定一个意向。试着想象以下情况：

1. 你希望发生什么？

2. 你想如何思考和感受？

3. 你希望别人怎么想，怎么感觉？

4. 在这个特定的时刻，你想如何表现？

思考一下你想在这个特定的时刻如何表现，你能提前做些什么，以便为一天中的重要时刻做好充分准备（例如，事先快速散步，吃一顿营养丰富的午餐，或者花点儿时间做几次深呼吸）。

练习用新的心态做出反应

你的新行为一开始可能并不自然。这也没关系，继续练习，直到它变得更加自然。[4, 5, 6] 在本周找些时间，最好是每天至少一次，有意识地练习你的新行为，从你新的有利心态出发。想一想，你可能需要什么支持才能成功，以及你如何创造更多的机会来练习。

睡前反思

本周，你将在每天晚上通过回答以下问题完成稍微深入一点儿的反思：

你今天是否能够练习你所期望的心态和行为？哪些方面做得好？你学到了什么？你尝试的新的心态对你来说感觉真实吗？还是你想调整它？

___

下一个可以练习新的心态和行为的时刻会出现在何时？

___

在每个触发时刻，你发现自己主要是在哪个意识水平层级上做出反应的？

第一层级：无意识（不知道内部状态或外部环境）

第二层级：延迟反应（发生后意识到）

第三层级：觉察（能意识到，但不能在当下做出有效的反应）

第四层级：弹性（能意识到，并能在短暂的停顿或暂停后做出反应）

第五层级：适应（能意识到，能够在当下有效地从防御转为学习——"双重意识"的实践）

哪一个触发时刻对你来说压力最大？

——————————————————

用一句话描述你认为触发这一时刻的诱因是什么。它可能是某人说的话，你的一个想法，你听到的一个声音，或者你看到的东西。

——————————————————

今天让你感觉压力最大的时刻大约发生在什么时候？

——————————————————

在这个压力最大的时刻，你的意识水平处于哪个层级？

第一层级：无意识（意识不到内部状态或外部环境）

第二层级：延迟反应（发生后意识到）

第三层级：觉察（能意识到，但不能在当下做出有效的反应）

第四层级：弹性（能意识到，并能在短暂的停顿或暂停后做出反应）

第五层级：适应（能意识到，能够在当下有效地从防御转为学习——"双重意识"的实践）

你会把你此刻的想法描述为防御性的（防卫的、恐惧的、愤怒的、消极的）还是学习性的（好奇的、积极的、乐于体验的）？

——————————————————

从 1 到 10，就你体内的能量水平（1= 低能量，10= 高能量）而言，你在这一刻的身体感觉如何？

———————————————————————————————

从 1 到 10，你在这一刻的感觉是愉快还是不愉快（1= 不愉快，10= 愉快）？

———————————————————————————————

你在这一时刻体验到了什么情绪（例如，兴奋、热情、欢欣鼓舞、心烦意乱、焦虑、沮丧、压力、紧张、担忧、悲伤、木讷、无聊、平静、放松、宁静、满足，或其他任何你想到的情绪）？

———————————————————————————————

从 1 到 10，你对这种情况的总体反应是什么（1= 我远离了我的目标，我的反应是适得其反的，对我在这种情况下想要实现的目标没有帮助；10= 我向我的目标迈进，我的反应是有成效的，对我在这种情况下想要实现的目标有帮助）？

———————————————————————————————

退一步讲，反思一下你所处的情况，你认为这种情况需要什么么？这是一个熟悉区的情况，要求你专注于你已经知道的东西，还是一个适应区的情况，需要新的东西？

———————————————————————————————

除了感到被触发的时刻，今天你选择面对哪些经历和情形？又有哪些经历和情形你选择了回避？为什么？哪些学习成长的机

会你抓住了，哪些你想晚些再看，哪些你回避了？

在结束每晚的反思之前，深吸一口气，花点儿时间思考一下这个练习，以及你是否产生了任何新的洞察。你明白自己的行为模式吗？

第四周小结

无论你是否一直能成功地以你全新的心态做出反应，在触发时刻表现出更有效的行为，在过去的四周里，你都已经获得了很多关于自己的信息。你已经了解哪些外部环境最有可能将你推入防御状态。你已经了解，在这些时刻，你的内心可能会如何反应。而且你已经了解你因此而表现出来的行为是如何影响外部环境的。你的外部环境和你的内部状态之间的这种联系是"双重意识"的基础。一旦有了这种意识，变化就会随之而来。它可能发生得比你希望的要慢，或者有很多小插曲，但只要继续前进，倾听来自你内心的声音，你就会继续成长、学习和发展。

　　你的四周挑战计划已经结束，但旅程仍在继续。花点儿时间反思过去四周和你学到的一切，思考你想如何继续前进。哪些练习你会每天坚持，哪些练习你会在情况发生变化或在生活的某个方面感到困顿时重新审视？记住，随着周围世界的不断变化和挑战的不断出现，你要对你的行为和决定负责，并创造自己的生活体验。这并不是说，当事情出错时你应该受到指责。这意味着，无论如何，你都有机会让事情变得更好。

致谢　　　　　　　　　ACKNOWLEDGMENTS

首先，我们必须感谢约迪·利佩尔，我们出色的写作搭档，没有她就不可能有这本书。我们有三个非常不同的作者，每个人都有自己的想法和思路，我们往往是互补的，但有时也有挑战。约迪处于中心位置，她以专业和协作的方式将这一切编织起来。这种才能，以及她使复杂概念简单化的能力，使一切变得不同。我们感谢她的辛勤工作和奉献，感谢她的合作，也感谢我们在这个过程中不断加深的友谊。

我们的一些同事，包括迈克尔·帕克、斯科特·拉瑟福德、丹尼尔·帕克托和罗伯特·刘易斯，以及我们在麦肯锡的整个"起航"创新委员会，提供了资源和支持，以专注于探索和建立一个在波动和不确定性中具有适应性和弹性的产品，包括"刻意冷静"。特别感谢鲍勃·斯滕菲尔斯，他为创新和建立一种新的领导力旅程提供了个人指导和支持，现在这已经影响了全世界数以万计的领导者。

特别感谢所有全力为领导者建立适应性旅程的人，包括萨沙·泽莱伊、凯特·拉扎罗夫－普克、约翰妮·拉沃伊、安妮－卢·圣阿芒、马里诺·穆加亚尔－巴尔多基、卡拉·沃尔普、阿什利·凯尔纳和亚历克斯·伍德。

感谢我们的领导，他们让本书的出版成为可能：麦肯锡公司前首席执行官凯文·斯尼德，麦肯锡公司全球出版业负责人和总编辑拉朱·纳里塞蒂。还有我们的业务领导，他们以各种方式支持这项工作：迈克尔·帕克、达纳·马奥尔、帕特里克·西蒙、克里斯·加尼翁、玛丽·米尼、比尔·施宁格、阿马德奥·迪洛多维科、布鲁克·韦德尔、阿恩·加斯特、杰玛·德奥里亚和迈克尔·卢里。

我们感谢埃里克·曼德斯洛特和安德鲁·圣乔治在本书最初阶段的支持，以及整个 Aberkyn 领导力学院和麦肯锡公司的转型促进者，他们为我们的客户带来了这项工作。

我们第一次提到"刻意冷静"是在与杰玛·德奥里亚合写的文章《危机中的领导力》中。在那篇文章中，我们讨论了随着新冠病毒感染疫情的发展，领导者必须做的五件具体事情，帮助他们的组织驾驭波动和不确定性。其中之一当然是"刻意冷静"。这篇文章是一个了不起的团队协作的产物，得到了我们组织科学团队中许多人的支持，他们帮助进行了研究，以确定这五个特征，并以实证支持它们。感谢戴维斯·卡林、兰迪·利姆、露丝·芋濑、金·鲁本斯坦、马里诺·穆加亚尔－巴尔多基和劳拉·皮诺以及其他许多人。

后续文章《如何在危机中表现出刻意冷静》是与我们亲爱的编辑芭芭拉·蒂尔尼合作的，还有其他同事的支持，包括普里扬贾利·阿罗拉、劳拉·皮诺和罗伯托·罗德里格斯。

然后是《心理安全、情商和动荡时期的领导力》。

感谢比尔·施宁格、埃米·埃德蒙森和理查德·伯亚斯。

最后，《未来的证明：为长期发展解决"适应性悖论"》一文是与阿希什·科塔里、约翰妮·拉沃伊、马里诺·穆加亚尔－巴尔多基、萨沙·泽莱伊、凯特·拉扎罗夫－普克和劳拉·泰格尔伯格合作完成的。

感谢以下人士对本书定稿的帮助：马里诺·穆加亚尔－巴尔多基，感谢他多年来在适应性研究历程中的贡献；凯特·拉扎罗夫－普克，感谢她对适应性解决方案的贡献以及对这项工作进行的翻译；尼克·马西奥斯，感谢他迅速为本书设计了高质量的插图。

我们感谢哈珀出版社的整个团队，特别是霍利斯·海姆布奇和柯比·桑德迈尔，感谢他们对本书的信任，感谢他们从头至尾的精彩合作，感谢他们提出的挑战，这总是让我们的工作变得更好。也要感谢制作团队、公关和营销团队，以及所有在幕后帮助本书问世的人。还要特别感谢特蕾西·洛克（宣传）、劳拉·科尔和阿曼达·普里茨克（营销）、乔斯·拉尼克（制作）、南希·辛格（设计）和米兰·博齐克（护封）。

衷心感谢我们的文学经纪人林恩·约翰斯顿，感谢她在整个过程的每个阶段提供的热情与专业的帮助和建议。

几位作者想要感谢他们的家人，在我们为这项工作花费了许多个周末、夜晚和假期时，他们给予了耐心和支持。

杰奎琳：我要感谢我的丈夫尼古拉斯，以及我们了不起的双胞胎约瑟芬和塞缪尔，他们对我来说意味着整个世界。他们一直支持我，没有他们，我不可能取得这个里程碑式的成就。他们是我的老师，每天都代表着对我来说真正重要的东西。我还要感谢我的父母和姐妹们，他们一直是我人生旅途中的基石，无论如何都会支持我。我对你们所有人充满了感激和爱。

亚伦：我要感谢我的孩子们，凯利和布拉兹，自从几年前我的母亲因吸毒成瘾而去世后，他们一直与我一起经历着动荡、不确定和失落的个人旅程。他们和我的妻子奈娜一起，在我治愈和更新的旅程中陪伴着我。当然，还有家庭的新成员，我的儿子佐拉瓦尔，他每天都给我带来欢乐。特别感谢布拉兹，他指出我们需要改变这本书的副标题，他问道："爸爸，你应该先学习，然后在你真正学到东西之后再去领导，而不是反着来，对吗？"

同时，我要感谢一些影响了我工作的智者：莫顿·多伊奇、哈维·霍恩斯坦、卡琳·布洛克、理查德·马特尔、沃尔特·米舍尔、卡罗尔·德韦克，特别是 W. 沃纳·伯克。

迈克尔：我要感谢我的妻子克里斯蒂娜，感谢她坚定不移的支持，帮助我成长和发展，并为我创造了写作本书的空间。我要感谢我的孩子们，艾瑟、都威和约斯特，他们教会了我什么是同理心、爱和承诺。

我们很感谢这本书、这段旅程和参与其中的人带给我们的一切！

如果说我看得比别人更远些，那是因为我站在巨人的肩膀上。

——艾萨克·牛顿

注释

前言

1. M. M. Capozzi, S. Dietsch, D. Pacthod, and M. Park, "Rethink Capabilities to Emerge Stronger from COVID-19," McKinsey and Company, November 23, 2020, https://www.mckinsey.com/business-functions /people-and-organizational-performance/our-insights/rethink-capabilities -to-emerge-stronger-from-covid-19.

2. M. Dondi, J. Klier, F. Panier, and J. Schubert, "Defining the Skills Citizens Will Need in the Future World of Work," McKinsey Global Institute, June 25, 2021, accessed June 30, 2021, https://www.mckinsey.com /industries/public-and-social-sector/our-insights/defining-the-skills -citizens-will-need-in-the-future-world-of-work.

3. M. Kleine, "No Eureka! Incentives Hurt Creative Breakthrough Irrespective of the Incentives' Frame," Max Planck Institute for Innovation & Competition Research Paper No. 21-15, May 18, 2021.

4. K. P. De Meuse, "A Meta-Analysis of the Relationship Between Learning Agility and Leader Success," *Journal of Organizational Psychology* 19, no. 1 (2019): 25–34.

5. E. H. O'Boyle Jr., R. H. Humphrey, J. M. Pollack, et al., "The Relation Between Emotional Intelligence and Job Performance: A Meta-Analysis," *Journal of Organizational Behavior* 32, no. 5 (2011): 788–818.

6. J. Brassey, N. Van Dam, and A. Van Witteloostuijn, *Authentic Confi - dence: Advancing Authentic Confidence Through Emotional Flexibility: An Evidence-Based Playbook of Insights, Practices, and Tools to Shape Your Future*, 2nd ed. (Zeist, The Netherlands: VMN Media, 2022).

7. J. Brassey, A. V. Witteloostuijn, C. Huszka, T. Silberzahn, and N. V. Dam, "Emotional Flexibility and General Self-Efficacy: A Pilot Training Intervention Study with Knowledge Workers," *PloS One* 15 (10) (2020): e0237821.

第二章　熟悉区还是适应区

1. J. Baker and B. Young, "20 Years Later: Deliberate Practice and the Development of Expertise in Sport," *International Review of Sport and Exercise Psychology* 7, no. 1 (2014): 135–57, doi: 10.1080/1750984X.2014.896024.

2. "Pressure-Driven Meltdowns Are Surprisingly Common in Elite Tennis," *Economist*, September 11, 2021, https://www.economist.com/graphic -detail/2021/09/11/pressure-driven-meltdowns-are-surprisingly -common-in-elite-tennis.

3. Kleine, "No Eureka!"

第三章　大脑与身体之间的联系

1. C. Pert, "The Wisdom of the Receptors: Neuropeptides, the Emotions, and Bodymind," *Advances in Mind-Body Medicine* 18, no. 1 (2002): 30–35.

2. E. A. Mayer, "Gut Feelings: The Emerging Biology of Gut–Brain Communication," *Nature Reviews Neuroscience* 12, no. 8 (2011): 453–66.

3. D. Goleman, *Emotional Intelligence: Why It Can Matter More Than IQ* (New York: Bantam Books, 2005).

4. L. F. Barrett, *How Emotions Are Made: The Secret Life of the Brain* (Boston: Houghton Mifflin Harcourt, 2017).

5. D. Mobbs, R. Adolphs, M. S. Fanselow, et al., "On the Nature of Fear," *Scientific American*, October 10, 2019, https://www.scientificamerican. com/article/on- the-nature-of-fear/.

6. W. K. Simmons, J. A. Avery, J. C. Barcalow, et al., "Keeping the Body in Mind: Insula Functional Organization and Functional Connectivity Integrate Interoceptive, Exteroceptive, and Emotional Awareness," *Human Brain Mapping* 34, no. 11 (2013): 2944–58.

7. M. E. Raichle and D. A. Gusnard, "Appraising the Brain's Energy Budget," *Proceedings of the National Academy of Sciences* 99, no. 16 (2002): 10237–39.

8. A. J. Crum and E. J. Langer, "Mind Set Matters: Exercise and the Placebo Effect," *Psychological Science* 18, no. 2 (2007): 165–71, doi: 10.1111/j.1467-9280.2007.01867.x, PMID: 17425538.

9. S. W. Porges, *The Polyvagal Theory: Neurophysiological Foundations of Emotions, Attachment, Communication, and Self Regulation*, Norton series on interpersonal neurobiology (New York: W. W. Norton, 2011).

10. A. Lembke, *Dopamine Nation: Finding Balance in the Age of Indulgence* (New York: Dutton, 2021).

11. N. Farb, J. Daubenmier, C. J. Price, T. Gard, C. Kerr, B. D. Dunn, and W. E. Mehling, "Interoception, Contemplative Practice, and Health," *Frontiers in Psychology* 6 (2015): 763.

12. S. S. Khalsa, R. Adolphs, O. G. Cameron, H. D. Critchley, P. W. Davenport, J. S. Feinstein, and N. Zucker, "Interoception and Mental Health: A Roadmap," *Biological Psychiatry: Cognitive Neuroscience and Neuroimaging* 3, no. 6 (2018): 501–13.

第四章　意识之下的驱动力

1. S. David, *Emotional Agility: Get Unstuck, Embrace Change, and Thrive in Work and Life* (New York: Avery, 2016).

2. E. Kwong, "Understanding Unconscious Bias," NPR, July 15, 2020, interview with Pragya Agarwal, author of *Sway: Unravelling Unconscious Bias*, https://www.npr.org/2020/07/14/891140598/understanding -unconscious-bias?t=1644782049157; P. Agarwal, *Sway: Unravelling Unconscious Bias* (New York: Bloomsbury Sigma, 2020).

第五章　意义：冰山之源

1. J. Emmett, G. Schrah, M. Schrimper, and A. Wood, "COVID-19 and the Employee Experience: How Leaders Can Seize the Moment," McKinsey and Company, June 29, 2020.

2. A. Alimujiang, A. Wiensch, J. Boss, et al., "Association Between Life Purpose and Mortality Among US Adults Older Than 50 Years," *JAMA Network Open* 2, no. 5 (2019): e194270.

3. S. Musich, S. S. Wang, S. Kraemer, et al., "Purpose in Life and Positive Health Outcomes Among Older Adults," *Population Health Management* 21, no. 2 (2018): 139–47, doi: 10.1089/pop.2017.0063.

4. V. E. Frankl, *Man's Search for Meaning: An Introduction to Logotherapy* (Boston: Beacon Press, 1946).

第六章　像运动员一样复原

1. P. L. Ackerman and R. Kanfer, "Integrating Laboratory and Field Study for Improving Selection: Development of a Battery for Predicting Air Traffic Controller Success," *Journal of Applied Psychology* 78, no. 3 (1993): 413–32.

2. K. A. Ericsson, R. T. Krampe, and C. Tesch-Romer, "The Role of Deliberate Practice in the Acquisition of Expert Performance," *Psychological Review* 100, no. 3 (1993): 363–406.

3. R. F. Martell, "Sex Bias at Work: The Effects of Attentional and Memory Demands on Performance Ratings of Men and Women," *Journal of Applied Social Psychology* 21, no. 23 (1991): 1939–60.

4. A. M. Gordon and S. Chen, "The Role of Sleep in Interpersonal Conflict: Do Sleepless Nights Mean Worse Fights?" *Social Psychological and Personality Science* 5, no. 2 (2013): 168–75.

5. M. E. Raichle and D. A. Gusnard, "Appraising the Brain's Energy Budget," *Proceedings of the National Academy of Sciences* 99, no. 16 (2002): 10237–39, doi: 10.1073/pnas.172399499.

6. A. Huberman, *Maximizing Productivity, Physical and Mental Health with Daily Tools*, podcast, Huberman Lab, https://hubermanlab.com/maximizing-productivity-physical-and-mental-health-with-daily-tools/.

7. N. Kleitman, "Basic Rest-Activity Cycle—22 Years Later," *Sleep* 5, no. 4 (1982): 311–17.

8. Huberman, *Maximizing Productivity, Physical and Mental Health with Daily Tools.*

9. M. K. Wekenborg, L. K. Hill, J. F. Thayer, et al., "The Longitudinal Association of Reduced Vagal Tone with Burnout," *Psychosomatic Medicine* 81, no. 9 (2019): 791.

第七章 发展"双重意识"

1. J. Luft and H. Ingham, "The Johari Window: A Graphic Model of Inter-personal Awareness," *Proceedings of the Western Training Laboratory in Group Development* (Los Angeles: University of California, Los Angeles, 1955).

2. L. Festinger, "Cognitive Dissonance," *Scientific American* 207, no. 4 (1962): 93–106.

3. J. Brassey, N. Van Dam, and A. Van Witteloostuijn, *Authentic Confidence. Advancing Authentic Confidence Through Emotional Flexibility: An Evidence-Based Playbook of Insights, Practices and Tools to Shape Your Future*, 2nd ed. (Zeist, The Netherlands: VMN Media, 2022).

4. A. Huberman, "Reduce Anxiety & Stress with the Physiological Sigh/ Huberman Lab Quantal Clip," YouTube video, https://www.youtube.com/watch?v=rBdhqBGqiMc.

5. M. van Mersbergen, "Viva La Vagus!" *Choral Journal* 55, no. 3 (2014): 61–67, https://www.memphis.edu/vecl/pdfs/viva_la_vagus.pdf.

6. S. R. Covey, *The 7 Habits of Highly Effective People: Powerful Lessons in Personal Change*, 25th anniversary ed. (New York: Simon & Schuster, 2004).

7. The Curious Advantage, https://curiousadvantage.com/.

第八章 当冰山相撞：动态的人际关系

1. E. S. Bromberg-Martin and T. Sharot, "The Value of Beliefs," *Neuron* 106, no. 4 (May 2020): 561–65, doi: 10.1016/j.neuron.2020.05.001.

2. A. Huberman, *Controlling Your Dopamine for Motivation, Focus, and Satisfaction,* YouTube, https://www.youtube.com/watch?v=QmOF0crdy? RU&t=6789s.

3. R. Burton, *On Being Certain: Believing You Are Right Even When You're Not*, reviews, comments, https://www.rburton.com/_i_on_being_certain _i___believing_you_are_right_even_when_you_re_not_63166.htm.

4. D. Weitz, "The Brains behind Mediation: Reflections on Neuroscience, Conflict Resolution and Decision-Making," *Cardozo Journal of Conflict Resolution* 12 no. 471 (2010).

5. C. Argyris, R. Putnam, and M. M. Smith, *Action Science* (San Francisco: Jossey-Bass, 1985), https://actiondesign.com/resources/readings /action-science.

第九章 "刻意冷静"团队

1. J. Burnford, "Building Authentic Courage: The Essential Foundation for Successful Diversity and Inclusion," *Forbes*, February 1, 2020, https://www.forbes.com/sites/joyburnford/2020/02/01/building-authentic-courage-the-essential-foundation-for-successful-diversity-and-inclusion/?sh=30768a308623.

2. N. Inui, *Interpersonal Coordination: A Social Neuroscience Approach* (Cham, Switzerland: Springer, 2018).

3. Burnford, "Building Authentic Courage."

4. G. Redford, "Amy Edmondson: Psychological Safety Is Critically Important in Medicine," AAMC, November 12, 2019, https://www.aamc.org/news-insights/amy-edmondson-psychological-safety-critically-important-medicine.

5. C. Duhigg, "What Google Learned from Its Quest to Build the Perfect Team," *New York Times Magazine*, February 28, 2016, https://www.nytimes.com/2016/02/28/magazine/what-google-learned-from-its-quest-to-build-the-perfect-team.html.

6. C. Argyris, "Double Loop Learning in Organizations," *Harvard Business Review*, September 1977, https://hbr.org/1977/09/double-loop-learning-in-organizations.

7. B. Heger, "Psychological Safety and the Critical Role of Leadership Development, McKinsey and Company," *Brian Heger HR* (blog), February 16, 2021, https://www.brianheger.com/psychological-safety-and-the-critical-role-of-leadership-development-mckinsey-co/.

8. A. De Smet, K. Rubenstein, G. Schrah, et al., "Psychological Safety and the Critical Role of Leadership Development," McKinsey and Company, February 11, 2021, https://www.mckinsey.com/business-functions/people-and-organizational-performance/our-insights/psychological-safety-and-the-critical-role-of-leadership-development.

9. Kantor Institute, https://www.kantorinstitute.com/approach.

10. Inui, *Interpersonal Coordination*.

11. Ibid.

附录

1. A. Huberman, *The Science of Making and Breaking Habits*, podcast, Huberman Lab, https://hubermanlab.com/the-science-of-making-and-breaking-habits/.

2. P. Lally, C. H. Van Jaarsveld, H. W. Potts, and J. Wardle, "How Are Habits Formed: Modelling Habit Formation in the Real World," *European Journal of Social Psychology* 40, no. 6 (2010): 998–1009.

3. W. Wood and D. Rünger, "Psychology of Habit," *Annual Review of Psychology* 67 (2016): 289–314.

4. Huberman, *The Science of Making and Breaking Habits*.

5. Lally, Van Jaarsveld, Potts, and Wardle, "How Are Habits Formed: Modelling Habit Formation in the Real World."

6. Wood and Rünger, "Psychology of Habit."

Barrett, L. F. "That Is Not How Your Brain Works." *Nautilus*, November 18, 2021. https://nautil.us/issue/98/mind/that-is-not-how-your-brain-works.

Brassey, J., A. De Smet, A. Kothari, et al. "Future Proof: Solving the 'Adaptability Paradox' for the Long Term." McKinsey and Company, August 2, 2021. https://www.mckinsey.com/business-functions/people-and -organizational-performance/our-insights/future-proof-solving-the -adaptability-paradox-for-the-long-term.

Brassey, J., and M. Kruyt. "How to Demonstrate Calm and Optimism in a Crisis." McKinsey and Company, April 30, 2020. https://www.mckinsey. com/business- functions/people-and-organizational-performance/our -insights/how-to-demonstrate-calm-and-optimism-in-a-crisis.

Brassey, J., N. Van Dam, and A. Van Witteloostuijn. *Authentic Confidence. Advancing Authentic Confidence Through Emotional Flexibility: An Evidence-Based Playbook of Insights, Practices and Tools to Shape Your Future*, 2nd ed. Zeist, The Netherlands: VMN Media, 2022.

Chatman, J. A., D. F. Caldwell, C. A. O'Reilly, and B. Doerr. "Parsing Organizational Culture: How the Norm for Adaptability Influences the Relationship Between Culture Consensus and Financial Performance in High - Technology Firms." *Journal of Organizational Behavior* 35, no. 6 (2014): 785–808.

Crum, A. *Science of Mindsets for Health and Performance*. Podcast, Huberman Lab. https://hubermanlab.com/dr-alia-crum-science-of-mindsets-for-health-performance/.

Damasio, A. "How Our Brains Feel Emotion." Big Think. https://www.youtube.com/watch?v=KsSv1KzdiWU&t=258s.

Haver, A., K. Akerjordet, and T. Furunes. "Emotion Regulation and Its Implications for Leadership: An Integrative Review and Future Research Agenda." *Journal of Leadership & Organizational Studies* 20, no. 3 (2013): 287–303.

Huberman, A. *The Science of Making and Breaking Habits*. Podcast, Huberman Lab. https://hubermanlab.com/the-science-of-making-and-breaking-habits/.

Huberman Lab. https://hubermanlab.com.

Khalsa, S. S., R. Adolphs, O. G. Cameron, et al. "Interoception and Mental Health: A Roadmap." *Biological Psychiatry: Cognitive Neuroscience and Neuroimaging* 3, no. 6 (2018): 501–13.

Kosner, A. W. *The Mind at Work: Lisa Feldman Barrett on the Metabolism of Emotion* (blog). *Dropbox*, February 10, 2021, https://blog.dropbox.com/topics/work-culture/the-mind-at-work--lisa-feldman-barrett-on-the-metabolism-of-emot.

Lembke, A. *Understanding and Treating Addiction*. Podcast, Huberman Lab. https://hubermanlab.com/dr-anna-lembke-understanding-and-treating-addiction/.

Lindquist, K. A., T. D. Wager, H. Kober, et al. "The Brain Basis of Emotion: A Meta-Analytic Review." *Behavioral and Brain Sciences* 35, no. 3 (2012): 121.

Narain, C. "A Conversation with Joseph LeDoux." *Cold Spring Harbor Symposia on Quantitative Biology* 79 (2014): 279–81. http://symposium.cshlp.org/content/79/279.full.

Quigley, K. S., S. Kanoski, W. M. Grill, L. F. Barrett, and M. Tsakiris. "Functions of Interoception: From Energy Regulation to Experience of the Self." *Trends in Neurosciences* 44, no. 1 (January 2021): 29–38.

Robson, D. "Interoception: The Hidden Sense That Shapes Wellbeing." *Guardian*, August 15, 2021.

Stanford Profiles. "Alia Crum, Associate Professor of Psychology." https://profiles.stanford.edu/alia-crum.

Van der Kolk, B. A. *The Body Keeps the Score: Brain, Mind, and Body in the Healing of Trauma.* New York: Viking, 2014.

Wheal, J. "Explaining Neurochemistry and Emotions: An Interview with Lisa Feldman-Barrett, Ph.D." *Neurohacker Collective*, March 4, 2021. https://neurohacker.com/explaining-neurochemistry-emotions-an-interview-with-lisa-feldman-barrett-ph-d.

Yeow, J., and R. Martin. "The Role of Self Regulation in Developing Leaders: A Longitudinal Field Experiment." *Leadership Quarterly* 24, no. 5 (2013): 625–37.